文化与旅游融合的理论与实践

王华　邹统钎　编著

南开大学出版社

天　津

图书在版编目(CIP)数据

文化与旅游融合的理论与实践 / 王华,邹统钎编著
. —天津:南开大学出版社,2021.7(2023.12 重印)
ISBN 978-7-310-06126-6

Ⅰ.①文… Ⅱ.①王… ②邹… Ⅲ.①旅游文化－旅
游业发展－研究－中国 Ⅳ.①F592

中国版本图书馆 CIP 数据核字(2021)第 161867 号

文化与旅游融合的理论与实践
WENHUA YU LÜYOU RONGHE DE LILUN YU SHIJIAN

南开大学出版社出版发行
出版人:刘文华

地址:天津市南开区卫津路 94 号 邮政编码:300071
营销部电话:(022)23508339 营销部传真:(022)23508542
https://nkup.nankai.edu.cn

天津泰宇印务有限公司印刷 全国各地新华书店经销
2021 年 7 月第 1 版 2023 年 12 月第 2 次印刷
210×148 毫米 32 开本 7.125 印张 2 插页 185 千字
定价:40.00 元

如遇图书印装质量问题,请与本社营销部联系调换,电话:(022)23508339

本书出版得到了北京第二外国语学院学科建设支持经费项目（2018）资助，该项目重点支持联合培养博士。

本书的研究分别得到了国家社科基金艺术学重大项目（20ZD02）：国家文化公园政策的国际比较研究（2020—2023）与国家社会科学基金重大课题（20ZDA067）：完善文化和旅游融合发展体制机制研究（2020—2022）支持。

作者简介

王华，湖南保靖人，博士、副教授，主要从事旅游管理教学研究，现就职于桂林旅游学院旅游数据学院。曾兼任常德市派驻桃花源 5A 级景区科创助理，国家级旅行社，地市级星评员，桂林旅游学院旅游数据学院教师。先后主持完成文旅部基金等省部级基金 5 项，参与国家自然基金、国家社会科学基金、教育部人文社会科学基金 4 项。参与出版教材和学术专著 5 部，发表科研论文 30 余篇，引用 140 余篇次，长期扎根于武陵山区基层政府，为地方经济发展撰写咨询报告被采纳 10 余次。

邹统钎，江西吉安人，教授、博士生导师，主要从事文化和旅游产业管理研究。国家社会科学基金艺术学重大项目首席专家。现任北京第二外国语学院校长助理、中国文化和旅游产业研究院院长。乌兹别克斯坦丝绸之路国际旅游大学（Silk Road International University of Tourism）校长特别顾问。南京大学商学院管理学博士，中国人民大学商学院管理学博士后。夏威夷大学访问学者、昆士兰大学访问教授与伯恩茅斯大学欧盟 Erasmus Mundas 研究员。重点研究文化和旅游产业政策国际比较、国家文化公园、遗产旅游、文化强国战略等。享受国务院政府特殊津贴专家，获乌兹别克斯坦国家"旅游奉献者"徽章，教育部首批全国高校黄大年式教师团队负责人，北京市长城学者，北京市级高校教学名师，北京市优秀教师，北京市高层次创新创业领军人才，北京市四个一批人才。

前　言

本研究聚焦于全国文化与旅游融合的理论与实践，在梳理国内外对文化与旅游融合研究的基础上，对融合、文化、文化与旅游融合等概念进行多维度阐释，界定其意义及内涵；对文化与旅游融合的理论在理念融合、产业融合、市场融合、服务融合、交流融合等方面树立文旅融合理念；从资源维度、市场维度、行政维度、人才维度探析文化与旅游深度融合；以产业融合为核心、理念融合为基础、资源融合为抓手、科技融合为助推、职能融合为保障，多层次揭示文化产业与旅游产业融合的方式；从推进职责融合形成协同合作机制、理顺政府间协作机制增强产业融合效率、完善统计体系、加强数据基础建设、注重文化传承满足美好生活需求等角度处理好文旅融合的关系；通过培育文化旅游新业态、树立国际视角、增强国民文化自信等手段提升文旅融合效益。

关于走向市场驱动的文旅融合，首先要发展文旅融合市场主体，培养文化旅游经纪人。世界旅游组织成员国文化旅游市场合作的先后次序是产品开发、联合营销、能力建设与培训、资金、网络与合作等。可见文化的旅游产品化最为关键。政府应把重点放在公共环境酿造、发展文化旅游融合的市场主体上，扶持一批华侨城、横店、宋城、长隆、曲江之类的文化旅游企业，培养一批文化旅游经纪人（Cultural Tourism Broker），如单霁翔演绎故宫、黄巧灵演绎现代演艺、黎志演绎山水文化、张涛演绎热带雨林文化、梅帅元演绎实景文化、陈向宏演绎古镇文化等。文化旅游经纪人应该是文化的传承人，传承传统文化；是文化的演绎人，讲好文化故事；是文化的旅游创意师，把文化故事转化为市场对路的旅游产品。其次，构建个性化与地方化的文旅融合业态与文化体验空间。通过场所精神塑造、价值网络构建、主题文化演绎、创意空间集聚、舞台再现等路径，构建地方化与个性化的文旅融合业态与体验空间，包括：历史文化街区，基于场所精神塑造的文化体验空间；大型实景演出，基于文化舞台再现的文化体验空间；文化旅游节，基于文化节事的文化体验空间；主题公园，基于主题文化演绎的文化体验空间；文化创意产业园，基于创意空间集聚的文化体验空间；旅游小镇，基于文化产业价值网络构建的文化体验空间。最后，应用数字科技，在体验中实现文旅融合。文化产品体验化与寓教于乐性是目前文化产品适应旅游市场需求的必然趋势。创意，特别是基于非物质文化遗产的创意，通过声音、图像、影视、动画等方式实现文化的可视化展示、技术复原或仿古再造，以技术融合实现"观光旅游—文化旅游—定制服务"的多产品开发流程。大力发展"文旅+VR体验""文旅+演艺""文旅+文创消费""文旅+主题游乐""文旅+微电影"等多种模式，努力实现厚重的文化内涵轻松式表达、现代化表达、国际范表达。例如，莫高窟的游客中心将数字技术与景区的游览体验项目结合在一起开发，使用以全息投影、球幕影院等为代表的数字技术和以三维建模、增强现实（AR）、虚拟现实（VR）、人工智能等为代表的场景科技，创造出全新的"沉浸式互动体验"产品，为文化旅游的发展树立了新标杆。以高科技技术为手段，以地方特色文化为内容，以沉浸式视听娱乐为形式，采用设施标准化、内容定制化，打造地方新名片，塑造地方新品牌，讲好中国故事，开启文化体验旅游新时代。

　　基于全国省市自治区的文旅融合实践正如火如荼地进行，本书对我国华北地区、华东地区、华南地区、西北地区、中南地区、西南地区、东北地区和台湾地区的文旅融合现状、特点、案例进行分析，找出各省市自治区的文旅融合实践路径和特色。全国各地推动文旅融合的策略具有鲜明的区域特色：北京市基于文化中心建设进行文旅融合，在顶层设计上融合，聚焦全国文化中心建设；在高质量发展上融合，聚焦供给侧结构性改革；在品牌塑造上融合，聚焦文化旅游产品创新；在形成合力上融合，聚焦构建融合发展机制。浙江省基于知识产权（intellectual property，简称 IP）工程进行文旅融合，2019 年 8 月印发《浙江省文化和旅游厅关于加快推进文旅融合 IP 工程建设的实施意见》，以文旅融合 IP 建设为切入点和着力点，推动文化和旅游"双万亿"产业高质量发展，助推全省建设全国文化高地、中国最佳旅游目的地、全国文化和旅游融合发展样板地。陕西省基于文化活化进行文旅融合，重视盘活资源，活化与创造文化，突出传统文化的现代解读、旅游资源的现代打造。通过文化物态化、活态化、业态化手段，让陕西文化活化为旅游产品，形成文化旅游八大业态，即旅游演艺、文创开发、文旅综合体、文旅特色小镇、节庆、夜游、"会展+旅游"、主题公园等。云南省基于数字技术进行文旅融合，重点以数字技术为手段、文化数字化为切入点，联合腾讯公司推出"一部手机游云南"智慧平台，以数字技术创新旅游服务、管理、营销和体验，推动互联网、云计算、大数据、人工智能同文化旅游实体经济深度融合。

本书第三篇专题研究中国边域地区文化发展渊源，在改革开放的春风深入祖国大江南北的每一个角落时，边域地区的武陵山区也沐浴着社会主义发展幸福之风，文化自发渗入旅游，边域地区神秘文化的面纱被层层揭开。本篇以武陵山片区为例，揭秘中国边域地区的文旅融合。首先，从土家族发祥地酉水河的出土文物为入口，揭示作为中华民族共同体的组成部分、具有绵长历史、丰富而独特的边域地区土著文化。其次，从"土蛮"梯玛歌解读、八部大王庙的遗迹考古剖析武陵山区土家族文化的源远流长。最后，通过高庙文化考古对比发现，高庙文化是湖湘文化的重要源头之一，其存续时间为 2000 年左右，是中华民族文化的一支重要源流。同时期的长沙大塘文化也受高庙文化的影响，稍晚的珠江三角洲文化、江浙一带的河姆渡文化和良渚文化、山东龙山文化和大汶口文化，以及商周青铜文化和仰韶中晚期文化则向西亚传播对苏美尔文明产生了影响，甚至在埃及的古文明中也有高庙文化的影子。向南亚传播在印度古文明中也折射出高庙文化的元素，可见高庙文化影响之深远。另外，通过列表的形式梳理出武陵山片区的旅游资源及其分布概况，对主要的文旅资源进行分类和评价，从文化旅游发展瓶颈、发展思路与目标、文旅融合空间布局，解析武陵山生态文化旅游区的模式，最终以文化资源保护与开发促进文旅融合，探寻文旅融合发展路径，确立旅游业发展目标，推进武陵山生态文化旅游圈体制机制创新，从文旅融合风险管理和控制、综合效益预期等层次探讨武陵山生态文化区文旅融合的路径。

目 录

理论篇：文旅融合理论基础

实践篇：中国文旅融合实践

专题篇：探秘边域地区文旅融合

理论篇：文旅融合理论基础

第一章　国内外文旅融合研究综述

文旅融合，简而言之是文化产业与旅游产业相互补充、相互渗透、相互促进，合为一体，旅游作为文化的具化，文化引领旅游纵深延展的不断交融的过程。梳理相关的文献资料可以发现，尽管"文旅融合"近几年一直是业界讨论热词，引发了国内外相关专家学者的关注与思考，国内大量的学者对文旅融合进行了深入的研究，但目前对"文旅融合"概念的界定仍然没有达成共识。主要原因是文化产业和旅游产业的边界概念模糊，不够明确，存在争议，且两大产业自身就没有明确的定义。梳理国内对文旅融合的概念研究，厉无畏（2003）认为产业融合是指不相同的产业之间相互影响、渗透形成新的产业形态的过程[1]。在此基础上，翁钢民（2016）等人形成较为完整的文旅融合概念，他们认为通过文化产业和旅游产业两大产业间的互补和延伸，从而形成文化旅游形式的新产业业态和产品形态，实现文旅产业的互动交互，相互融洽[2]。"文旅融合"一词虽是由我国提出来的，但关于文化产业与旅游产业融合的研究，国内外学者都进行了大量的探索。

第一节　国外文旅融合研究

国外学术界到目前为止还没有明确提出文化产业与旅游产业融合的概念，主要是一些应用性研究。国外对文旅融合的研究主要聚焦于三个方面：一是从文化旅游的角度出发侧重研究文化与旅游的关系，二是侧重于文化产业与旅游产业相互影响的研究，三是文旅融合的途径研究。

一、综合文化与旅游视角下的文旅融合

对文化与旅游的研究，国外学者普遍认为文化与旅游既相互独立又相互依存、相互影响，认为文化是旅游发展过程中不可或缺的内容，文化资源越丰厚、条件越优越的城市的文化旅游发展程度越高，旅游是文化传承中的重要手段，文化是旅游产业发展的重要动力。刘易斯（Lewis，1940）认为文化是一个城市功能的最重要最核心的价值和城市底色，文化是城市最初发生的原始机制、最终的发展目的，文化具有储存、传播与交流、创造与发展三项基本功能，旅游在文化传播与交流中扮演着重要的角色[3]。里奇等（Ritche et al.，1978）认为城市文化是城市最具有市场吸引力的因素，它与城市旅游发展息息相关，因为城市文化在旅游目的地吸引力上起到的作用仅次于自然美景和气候这类地理因素[4]。有学者（Tacgey，2014）以北塞浦路斯为案例研究地进行研究，他指出当地政府在制定旅游政策时若不能明确定位当地的文化价值与内涵，采取适当的方法维护目的地的本真性，那么独特的城市文化就会因为没有获得有效率的开发利用而逐渐丧失，这对旅游目的地长久发展不利。他通过研究说明了文化旅游对以旅游业为主要经济来源的小岛的重要作用，强调了文化旅游在旅游产业中的重要作用[5]。基娅拉（Chiara，2016）在其最新研究成果中揭示了文化旅游在当今社会是如何被新的技术所强化的。此外，他对于文化遗产的旅游如何成为智慧旅游领域的一部分提供了一个概览[6]。

二、文化产业与旅游产业相互影响

对于文旅产业相互影响的研究，国外学术界热衷于选取一个案例地进行研究分析，马里恩（Marion，2001）在其研究中选取1985年前后的马耳他进行分析，在研究中他密切关注了马耳他当地文化产业对旅游活动可持续发展和旅游方式产生的影响，他认为文化产业能够直接影响旅游活动发展的可持续性，除此之外，他还分析了国际文化旅游趋势和政府政策对当地旅游产业多样化的影响[7]。有学者（Mvia，Agda，2010）则选取尼日利亚克罗斯河州作为研究地，他们主要分析

了旅游发展对当地文化产业的影响，认为发展旅游能够推动当地文化产业的发展，提出政府要重新制定合理的旅游政策来促进文化旅游产业的发展[8]。伊斯梅尔（Esmaeil，2011）等人研究了文化产业对旅游产业发展的影响程度，提出了旅游产业现实与期望差距模型[9]。亚尔科（Jarkko，2014）则选取波札那作为研究地，分析发展文化产业对城市现有文化资源和旅游多元化造成的影响，提出当地文化旅游业的发展不仅有利于当地旅游业发展的公平分配和社区利益相关者的关系协调，而且能够促进当地环境的可持续发展[10]。

三、文旅融合的途径

国外学者认为在推动文旅融合发展的途径中创意最为重要。格瑞格（Greg，2006）等从供给和需求的角度出发，对文化创意旅游的发展进行了探讨，认为旅游者对文化创意旅游的需求越来越大，从而也推动了旅游供给者对文化创意旅游的开发[11]。宾克霍斯特（Binkhorst，2007）深入分析了旅游、创意和发展之间的关系，认为文化创意是文旅融合的产物，不仅能够发展文旅产业，促进经济提升，而且能够提升游客体验感，从而为城市文化与旅游的发展提供动力，在他们的研究中深入探讨了创意在旅游体验中的作用[12]。乔丹（Jordan，2012）探讨了文化和文化创意产业与旅游产业联动的必然结果，旅游市场需求的更新让越来越多的旅游目的地认识到只有将文化创意与当地旅游联合发展，才能设计出吸引游客的旅游产品[13]。有学者（Juzefovic，2015）认为未来旅游发展的新时代是创意旅游，创意旅游不仅能够为当地的文化与旅游资源增加内容，而且能够以新的旅游形式满足游客需要[14]。

第二节　国内文旅融合研究

国内对于文旅融合的研究是随着政策的推出不断深入的，近几年文旅融合由国家层面提出，文化和旅游部合并这也让越来越多的学者开始认真研究文化产业与旅游产业融合的内容，学术成果也与日俱增。阅读整合文献可以发现我国文旅融合研究从 2005 年开始逐年攀升，相关研究发布的文章主要集聚在 2007 年—2018 年，文章的总量呈现增长趋势，国内学者对文旅融合研究主要为三个阶段：2008 年以前为萌芽期，2009 年至 2017 年为发展初期，2018 年以后为全面发展期。

一、文旅产业关系

曹诗图等（2005）通过研究湖北省宜昌市的文化与旅游产业，从旅游对文化的推动作用与文化对旅游的促进作用出发研究说明文化与旅游产业是相互交融、密不可分的关系[15]。张海燕等（2010）认为文化与旅游产业是互通互融、相互依存的共生关系，她提出了文化产业对旅游产业有辐射效应，文化产业影响着旅游产业的发展，同样旅游发展对文化产业的发展也有引致效应[16]。赵磊等（2015）认为旅游伴生着文化，旅游产业具有开放性，文化产业具有渗透性，两者之间存在着旅游吸纳文化、文化渗透旅游的现象[17]。邢启顺（2016）则主要研究西南民族地区的文旅产业发展，在他看来文化产业能够丰富旅游业的内涵，而旅游业的发展又能够带动当地文化产业的发展兴盛[18]。国内学者对文旅融合进行了定量的探讨。李凌雁等人利用探索性空间数据分析法对文旅融合的发展进行定量分析，从定量的角度肯定了文旅产业之间互相依存、共同发展的关系[19]。鲍洪杰等（2010）选取甘肃为研究对象，用定量的方式分析了甘肃文旅产业之间的关联性与相互作用，研究运用了物理学的耦合模型，分析了文旅产业间的关系[20]。张广海等（2012）则从产业价值链的角度出发研究文旅融合的过程，利用投入产出表研究发现，文旅产业之间有很强的产业关联性[21]。冯超则研究确立了文旅产业融合的指标和评价方法，在研究中引入了赫芬达尔指数进行定量分析[22]。

二、文旅融合的机制

国内学者认为文旅融合机制的研究是促进文旅融合的内在动力机制。王华东（2012）从产业之间互相融合、供给与需求互相影响的角度出发，分析文旅融合机制，探讨贵州省文旅融合的发展现状[23]。辛欣（2013）以开封市为案例研究地构建文旅融合机制模型，从外驱力和内驱力两个研究角度对文旅融合进行分析[24]。张海燕和王忠云（2013）研究分析了文旅融合运作的驱动力，认为企业行为、旅游者需求、中介机构发展、市场机制运行和政府主导是营销文旅融合机制的关键因素[25]。霍艳莲（2015）通过"三层次框架"分析了文旅融合的对立统一和价值链传递、融合模式选择及融合阶段递进[26]。梁峰（2016）则构建了文旅商融合的机制模型，认为对文化、旅游、商业具有内在相关性，通过数据分析验证模型的有效性[27]。周建标（2017）提出"整合延伸"和"集聚互补"两个文旅融合机制，主张从纵向与横向的延伸中全方位的寻找两大产业的关联点，促进两大产业的高效融合[28]。马振涛（2019）认为服务融合是文旅融合发展中的关键，它起到了连接两大产业的内在关联作用，是文旅融合不容忽视的关键环节[29]。由少平（2019）认为文旅部新机构的建立要建设新制度，提升社会公众参与，从而促进文旅机制融合[30]。

三、文旅融合的路径研究

文旅融合的路径是学术界和政府部门探讨的热点，汪清蓉（2005）较早研究文化与旅游融合，她认为要从制度文化、市场、资源三个方面对文化产业与旅游产业进行深度整合[31]。刘艳兰（2009）运用实证分析的方法研究《印象·刘三姐》，认为文化理念、科技手段及市场机制三者联合是文旅融合发展的路径[32]。辛欣（2013）认为，文旅融合有路径资源、技术、功能、业务、空间和市场六种方式[33]。钟晟（2013）在其博士论文中以武当山为案例研究地，以文化意象为研究基石，从理论、实证到实践中研究分析了文旅融合的发展，并提出了武当山文旅融合的路径[34]。李想（2015）研究了丝绸之路的发展现状与面临的困境，对现存的问题提出了技术、资源、功能和市场文旅融合的四条路径，为丝绸之路文旅发展提供相应的建议[35]。尹华光、邱久杰等（2016）以武陵山片区为研究案例地，提出"资源整合、市场整合、营销整合、政策整合"机制促进文旅产业发展[36]。桑彬彬（2016）提出

"消费需求是融合原动力，旅游产业转型升级是融合压力，技术创新是融合推动力，文化体制改革是融合支撑力"，并探讨了旅游产业价值链与文化产业价值链的融合过程[37]。张佳筘（2017）认为由于文化与旅游产业本身各自在产业特点和功能上的差异，要更加注重融合的方式，她认为资源融合、技术融合和市场融合是实现文旅融合良性发展的路径[38]。刘星（2018）更加注重产业链的融合，认为文旅融合要注重产业的产品、营销和生产要素等的融合[39]。关丽萍（2019）认为资源本体文化特色、信息技术、产品体系、社区参与、文化创意是文旅产业融合的五大路径[40]。

第二章 文化与旅游融合基本原理

第一节 基本概念

一、融合

从物质或文化形成过程的维度理解的"融合"，英语中为 fusion，表示熔化后再凝聚或如受高温熔化后与新物质融合并再次结成新一体。例如，由五种艺术融合为一体的歌剧，其就是五种艺术相辅相承的综合艺术。从组合衍生或生物学维度理解的"融合"，英文为 mixis，如在繁殖过程中不同物质的相互结合[41]。

1. 引证解释

原物质逐渐熔化，与新物质化为一体。"孱水出孱山，其源出金银矿，洗，取火融合之，为金银。"调和、和洽，出自晋朝著名史学家常璩《华阳国志·汉中志·涪县》。"天人报应，尚堕渺茫；上下融合，实关激劝[42]。"出自宋朝陈亮《书赵永丰训之行录后》。

2. 心理解释

由于自身发展需求或生存环境的不同，个体或群体自身会形成极具特点的心理活动。随着群体或个体的发展，在社会中将不同程度地与具有其他特点的个体相互接触，致使其与他人的思想观念或心理活动产生冲击。通过一番熟悉和了解之后，不同个体的情感关系的共情、心理上认知理解或态度倾向等方面会形成协调，从而达到相互融合的状态。

3. 融合的主要表现

融合的五个表现比较突出：一是经济水平差异产生的融合，如贫富群体之间的融合等；二是性别差异产生的融合，如男性思维和女性思维之间的融合等；三是东西方文化差异的融合，即文化和种族差异而形成的通融、调适至合作等；四是代际关系产生的融合，如父辈和子辈之间的观念融合等；五是社会阶层或身份地位产生的融合。

二、文化

文化（culture），分为非物质文化和物质文化，它是人类社会长期发展的精神活动及其产物，与经济、政治相伴而生，但又与经济、政治相区别。艺术、科学、教育皆属广义的文化，而文化与经济、政治相互关联、相互作用，所以很难给文化一个准确的界定。文化顺乎时代潮流，具有不定性，每一个时期都会呈现出一个时期的特色文化，构成世界五彩斑斓的文化。同时文化随文明的进步而不断发展完善，以至成为风俗习惯[43]。

1. 考证解释

（1）考证"文"。各色交错的纹理是其本底意义。"物相杂，故曰文。"出自《易·系辞下》。而《说文解字》称"文，错画也，象交叉"，均指此义。基于以上意义，"文"随着人类历史的进步，又产生若干引申义。①由伦理之说导出装饰、彩画、人为修养之意。②包括语言文字内的各种象征符号，进一步具体化为礼乐制度和文物典籍等。③涵盖美、善、德行的意思，即《礼记·乐记》所谓"礼减而进，以进为文"[44]。

（2）考证"化"字。"化"的本义为造化、生成、改易，如《庄子·逍遥游》："北冥有鱼，其名为鲲，鲲之大，不知其几千里也。化而为鸟，其名为鹏，鹏之背，不知其几千里也。""化"意指性质变化乃至事物形态的改变，此外，"化"又衍生为教行迁善之义[45]。

（3）据考证，战国末年就有"观乎天文，以察时变；观乎人文，以化成天下"之说。在《周易》中，较早出现了"文"与"化"二字并联使用。其中的"文"，即"天文"，亦即自然规律。同理，"人文"，即人伦社会规律，指人与人之间在社会生活中纵横交织的关系。在这句话中，"化成天下"与"人文"紧密联系，其体现的"以文教化"的主张已然十分明确。随着空间的变换与时间的更替,"文化"渐渐潜化为一个外延宽广、内涵丰富的多维概念,成为众多学科阐发、探究、争鸣的对象[46]。

2. 概念界定

文化被传统观念看作一种社会现象,它是人类社会与历史的积淀物,这种沉积物既是人类长期创造形成的产物,又是一种历史所呈现的具象。准确地说,文化凝结在物质之中又不完全等同于物质,是一个民族或者一个国家的行为习惯和规范、生活和思维方式、艺术文化、科学技术、价值观念等。它是一种对客观世界的感性认识与经验的升华,因人类相互之间交流而普遍认可的一种可传承的意识形态。

人类通过自我的不断认识、不断改造,获得人们共同认可和使用的符号(以图像为辅,文字为主)与声音(音韵、音符为辅,语言为主),这种体系的总和就是我们所说的文化。简而言之,文化是文字和语言的总和。

3. 文化不同维度的解释

(1)哲学的维度。从哲学维度解析,文化本质上是哲学思想的体现。文化的不同风格是对哲学的地域性和时代性的反映。一般来说,社会制度的变化源于哲学思想的变革,即压制旧文化和促进新文化的兴起[47]。

(2)存在主义维度。从存在主义维度解读,文化是描述个体的存在方式或描述一群人的存在方式。人们具有自然属性,同时也存在于某一个时代和一定的历史时期中,文化的个性是指一定时期人们的行为方式和语言表述方式,以及人们的认知、意识或相互之间交往方式。文化不仅是对一群人外在行为的呈现描述,还特指对单个人的感知和自我心灵意识的解读。

(3)文化研究的维度。文化即使属于意识形态也不会对其他方面排斥,这是从文化研究的维度解读文化。葛兰西认为,文化霸权并不是压迫和被压迫之间的简单的、赤裸裸的关系。它成为一种不同文化和意识形态之间的动态组合[48]。

(4)人类创新的维度。文化是人类创新活动得以传播的手段、人类认知永恒拓展的载体、人类技术创新水平提升的工具。文化是人类社会所特有的且由人类所创造的，文化是智慧群族内在精神的既有、创造、传承、发展的意识与一切群族社会现象的总和。

三、文化融合

文化融合（Cultural Integration）是指在民族传统文化的基础上文化之间相互交流，通过有选择性的吸纳外来文化并消化外来文化，以促进自身发展的过程。文化既具有民族性又具有时代性。民族文化既不能排斥外来文化，也不能全盘外化；对外来文化的吸纳应遵循"去其糟粕，取其精华"的原则。中文文化融合的核心为"文化的整合"，经过调适整合融为一体。文化在英语中为 Cultural Integration，意义的核心为"融合的过程"，即接触、撞击和筛选[49]。

在文化融合中，首先，文化融合的前提是两种文化由传播而发生的接触。其次，两种文化接触后必然发生撞击，在撞击过程中适度选择对方的精华，揭示每种文化都具有顽强表现自己和排斥他种文化的特性，即选优汰劣。最后，在原来的两个文化体系中各自选取对方的益己文化元素，经过适度地调适，尔后整合融为一体，一种新的文化体系逐步形成。文化融合是文化调整的方式之一，如现代美国文化就是跨区域的多种文化融合的结果。两种比较接近的文化体系接触后，原来的文化体系随之逐渐改变其形貌，甚至消失，从而一种新的文化体系逐渐形成。

四、旅游

"旅"是旅行，在空间上从甲地到乙地行进且实现某一目的；"游"为实现观光、游览、娱乐这些目的所作的旅行，二者合起来即旅游。所以，旅游相对旅行而言，带有观光、游览、娱乐等目的旅行，而旅行偏重于"行"。

1. 典故解读"旅行、游览"

（1）南北朝诗人沈约《悲哉行》："旅游媚年春，年春媚游人。"明代吴承恩《杂著》："东园公初晋七裘，言开曼龄，是日高宴……会有京华旅游淮海浪士，闻之欢喜。"在《人民文学》1981 年第 3 期中也说道："旅游事业突起后，就有人在半山寺开设茶水站[50]。"

（2）谓长期寄居他乡。唐代贾岛《上谷旅夜》曰："世难那堪恨旅游，龙钟更是对穷秋。故园千里数行泪，邻杵一声终夜愁。"清代陆以湉《冷庐杂识·孔宥函司马》："廿载邗江路，行吟动值秋……旅游复何事，飘泊问沙鸥[51]。"

2. 现代旅游业定义

在联合国统计委员会和世界旅游组织推荐的技术性的统计定义中，旅游是指为了休闲、商务或其他目的离开其惯常环境到某些地方，并停留在那里，但连续停留时间不超过一年的活动。旅游目的包括六大类型：娱乐、休闲、度假，健康医疗，探亲访友，专业访问、科考、商务，宗教朝拜，其他。

（1）旅游的三要素。尽管上述技术定义应适用于国际旅游和国内旅游，但涉及国内旅游时，并非所有国家都采用这些定义。不过，大多数国家都采用了国际通用定义中的三个方面的要素：①出游的目的；②逗留的时间；③旅行的距离。

（2）出游的目的分类。现代旅游主要涵盖以下几方面的内容：①一般消遣性旅游，自主决定的或非强制性旅游活动；有意把商务旅游单列出去，只把消遣旅游者视为旅游者。②会议和商务旅游，会议和商务通常和一定量的消遣旅游休闲结合在一起的；参加会议的公务活动也被视为旅游休憩[52]。③体育旅游，与重大体育赛事联系在一起的康体旅游。④宗教旅游，以宗教考察为目标的外出文化休闲活动。⑤互助旅游，一种新兴的旅游方式，通过游客与有潜在或已经得到游客帮助的当地居民互相帮助，交换住宿设备、餐饮等，由一方向另一方提供食宿甚至交通工具或向导；因为当地人的介入，不但游客能更深入地体验当地的人文和自然景观，而且节省了旅费[53]。

（3）对旅行距离的相关规定。①旅行距离：确定的标准具有人为因素和任意性，各国、区域和机构确定的标准从 0 到 160 公里不等，差别很大；官方旅游估算中不包括低于所规定的最短行程的旅游。②异地旅游：目的地与居住地之间的往返距离被许多机构、区域甚至国家采用作为重要的统计尺度。

（4）对逗留时间的规定。大多数有关旅游者和游客的定义中，为了符合限定"旅游者"的文字标准，都包含有在目的地必须至少逗留一夜的规定。事实上，"一日游"往往是旅游景点、餐馆和其他的旅游设施收入的重要来源，而"过夜"的规定就把许多消遣型的"一日游"排除在外了[54]。

3. 旅游的分类

（1）依据旅游者到达目的地的地理范围划分，旅游活动可以分为国际旅游和国内旅游。

（2）按旅游性质和人们出游的目的划分，旅游活动可分为六大类：①宗教朝圣类。②探亲、访友类。③健康医疗类。④商务、专业访问类。⑤休闲、娱乐、度假类。⑥其他类。

（3）按人数分类。按参加一次旅游活动的人数划分，旅游活动可分为：①团队旅游。②散客旅游。③自助旅游。④互助旅游。

第二节　文化与旅游融合的核心理论

"宜融则融、能融尽融"，找准文化和旅游工作的最大公约数、最佳连接点，各领域、多方位、全链条深度融合，实现资源共享、优势互补、协同并进[55]，是形成旅游业和文化产业发展的总体思路，也是二者发展的新优势[56]。

一、树立文旅融合理念

1. 理念融合

思想是行动的先导，要把理念融合放在首要位置，从思想深处打牢文化和旅游融合发展的基础，推动文化和旅游深融合、真融合[57]。

（1）以文促旅的理念

文化的生产、传播和消费与旅游活动密切相关。文化资源是旅游发展的核心资源，文化需求是旅游活动的重要动因，文化创意是提升旅游产品质量的重要途径。提升思想道德观念、利用文化资源、将文化创意引入旅游活动，以上文旅融合手段能增强产品吸引力，丰富旅游业态，提升旅游品位，拓展旅游发展的空间。通过公共文化机构、对外文化交流等平台的使用，能够为游客提供更加丰富的服务、从而促进旅游推广[53]。

（2）以旅彰文的理念

要深刻认识到，旅游是文化建设的重要动力，是文化传播的重要载体，是文化交流的重要纽带。发挥旅游的产业化、市场化优势，能够丰富文化产品供给方式、供给渠道、供给类型，带动文化产业发展、文化市场繁荣。发挥旅游公众参与多、传播范围广等优势，能够扩大文化产品和服务的受众群体和覆盖面，对内更好传播中国特色社会主义文化、弘扬社会主义核心价值观，对外增强国家文化软实力、提升中华文化影响力[58]。

（3）和合共生的理念

要深刻认识到，文化是旅游的灵魂，旅游是文化的载体，二者相辅相成、互相促进[59]。文化和旅游相互支撑、优势互补、协同共进，才能形成新的发展优势、新的增长点，才能开创文化创造活力持续迸发、旅游发展质量持续提升、优秀文化产品和优质旅游产品持续涌现的新局面[60]，才能更好满足人民美好生活新期待、促进经济社会发展、增强国家文化软实力和中华文化影响力[53]。

2. 推进产业融合

要积极寻找文化和旅游产业链条各环节的对接点，发挥各自优势、形成新增长点[55]。

（1）促进业态融合

实施"旅游+"和"文化+"战略，推动旅游、文化及相关产业融合发展，不断培育新业态。深入实施"互联网+"战略，推动文化、旅游与科技融合发展[61]。统筹推进文化生态保护区和全域旅游发展[53]，推动表演艺术、传统技艺等门类非遗项目进重点旅游景区、旅游度假区。推进红色旅游、旅游演艺、文化遗产旅游、主题公园、文化主题酒店等已有融合发展业态提质升级。

（2）促进产品融合

加大旅游资源和文化资源梳理、普查、挖掘力度，以文化创意为依托，推动更多资源转化为旅游产品[53]。开发一批具有文化内涵的旅游商品并将开发成熟的文创旅游商品推向市场，接受广大游客的检验。建立一批文化要素完善、文化主题鲜明的特色旅游目的地。支持开发集文化创意、度假休闲、康体养生等主题于一体的文化旅游综合体[61]。推出更多文化遗产、寻根、研学等专题文化旅游线路和项目。

（3）释放大众文旅需求

构建促进旅游和文化消费的长效机制，顺应游客和当地居民消费升级趋势，积极培育体验消费、网络消费、时尚消费、智能消费、定制消费等消费新热点，完善行业标准体系、服务质量评价体系和消费反馈处理体系[61]。

3. 推进市场融合

富有活力、供给有效、统一有序的市场是文旅融合发展的重要基础。要以文化市场综合执法改革为契机，推动文化和旅游市场培育监管工作一体部署、一体推进[61]。

（1）促进市场主体融合

鼓励旅游企业与文化机构对接合作，支持文化和旅游跨业企业做优做强，推动形成一批以旅游和文化为主业、以融合发展为特色、具有较强竞争力的骨干企业、领军企业[53]。优化营商环境，促进创新创业平台和众创空间服务升级，为文化和旅游领域小微企业、民营企业融合发展营造良好政策环境[62]。

（2）促进市场监管融合

及时加强关注，引导融合发展的新业态，不断更新监管理念。实施各类专项整治、专项保障活动，建设信用体系，开展重大案件评选、举报投诉受理、证件管理等工作，要将文化市场、旅游市场统筹规范[61]。

（3）执法队伍整合

全力推动文化市场综合执法队伍整合组建，要深入推动《关于进一步深化文化市场综合执法改革的意见》和《关于深化文化市场综合行政执法改革的指导意见》贯彻落实[63]，及时构建文化和旅游市场执法改革制度框架，按照中央统一部署的时间节点和任务，推动执法队伍整合到位[53]。

4. 推进服务融合

协同推进旅游与文化的公共服务，落脚到为居民服务和为游客服务，发挥好综合效益，是深化文化和旅游融合发展的重要内容[64]。①统筹公共服务设施建设管理。探索改造、建设一批文化和旅游综合服务设施，推动公共文化设施和旅游景区的厕所同标准规划、建设、管理[53]。②统筹公共服务机构功能设置。在旅游公共服务设施改造、修建中，增加文化内涵，彰显地方特色；利用公共文化机构平台，加大文明旅游宣传力度[65]。③统筹公共服务资源配置。推动公共服务进旅游景区、旅游度假区，构建主客共享的文化和旅游新空间，在游客聚集区积极引入书店、剧场、影院等文化设施，统筹实施一批文化和旅游服务惠民项目[53]。

5. 推进交流融合

旅游和文化都是传播先进文化、推动文明交流互鉴、增进人民友谊的桥梁，是讲好中国故事、传播好中国声音的重要渠道[66]。文化和旅游融合发展必须在交流融合方面下大力气、作大文章[67]。①工作层面：整合对外和对港澳台文化与旅游交流工作力量，整合海外文化和旅游工作机构，统筹安排交流项目和活动，全力推进文化传播和旅游推广[53]。②渠道方面：发挥好美术馆、博物馆等文化机构和旅游饭店、旅行社、旅游景区景点在传播中国特色社会主义文化方面的重要作用[61]，引导各类导游、讲解员和亿万游客成为中国故事的生动讲述者、自觉传播者[53]。③载体方面：综合发挥文化和旅游各自优势，推动更多优质旅游产品、优秀文化产品走向海外[53]，进入主流市场、影响主流人群，把中华优秀传统文化精神标识展示好[68]，把当代中国发展进步和中国人精彩生活表达好[63]，为提高国家文化软实力和中华文化影响力做出贡献[69]。

二、文化与旅游深度融合

文旅融合在价值和精神层面的契合主要体现在文化和旅游在功能和价值的一致性上。文化是人类的价值创造，是一个民族的精神和灵魂，是国家发展和民族振兴的强大动力，天然具有吸引物属性[70]。旅游是人类追求精神享受、满足对于外部世界的好奇心的重要方式，其价值既表现在旅游者追求的精神享受和文化熏陶上，也表现在旅游的文明传播功能、文化交流功能和友谊增进功能中。文化和旅游统一于人的全面和自由发展，两者在功能和价值上是统一的。

1. 资源维度的文旅融合

文旅资源维度的融合主要体现在文化对旅游的贡献上。文化让旅游的内涵更加丰富、更富魅力。从资源和产品角度分析，文化和旅游似乎从来就没有分开过。历史上无论是皇帝"巡游"还是官僚"宦游"，抑或是文人雅士"游学"，以及僧侣的"游方"，文化和旅游就是一对孪生兄弟，相互包含，相互吸纳融合。传统的文化资源并不天然是旅游资源，但文化遗产天然具有吸引物属性。文化是一个包含多层次、多方面内容的统一体系，诸如哲学、宗教、政治、科学、文学、历史、艺术、风俗等。这些内容并不天然具有吸引物特性，也不见得对普通旅游者有吸引力，与旅游资源直接发生关联的是"物质"文化或者非物质文化的物化成果。

一个具有独特文化特征并可识别的文化区域，或者更大尺度的文化泛区，因为存在大量的不同于游客惯常生活环境的文化细节，即文化特质，所以具有了某种吸引力，进而随着旅游业的诞生而成为旅游目的地。例如，博物馆是典型的文化资源，但英国把博物馆变成了非常重要的旅游观光产品。赋予风景资源以文化内涵，使得自然旅游资源与其他同类型资源区分开来，增强显示度、区分度，才能在激烈的市场竞争中杀出重围。同样是山岳型风景区，如泰山、黄山、庐山、武夷山等，风景虽有不同，但其文化标签才是吸引顾客、宣传营销的"卖点"。位于美国和加拿大交界的尼亚加拉大瀑布，是世界上最壮观的瀑布之一，但不可思议的是，在旅游市场上尼亚加拉却是"蜜月之都"[71]。美丽风光加上蜜月文化，成为尼亚加拉大瀑布的核心竞争力。

旅游服务环节同样需要文化的积淀。例如，饭店行业是典型的服务领域，不仅需要技术和态度，还需要文化这个最高标准。魏小安 20年前曾经总结过旅游星级饭店的基本要求：一星级要求是卫生；二星级要求是亲切；三星级要求是舒适；四星级要求是豪华；五星级要求则是文化[72]。文化是旅游服务的最高境界。总台、大堂副理、餐饮服务、客房服务等各个环节岗位都需要有文化、有技能、有情操。再例如餐饮服务，消费者对于色、香、味、形的要求也是文化，所谓"食不厌精，脍不厌细"。

从文旅高质量发展的角度分析，现在人民群众对文化和旅游的需求已经从"有没有、缺不缺"发展到了"好不好、精不精"，为适应文化和旅游供给主要矛盾的变化，必须从追求数量转到追求质量和品质的提升上来[73]。当前，中国虽然是旅游大国，但还远算不上旅游强国，显而易见的问题就是旅游产品质量不高、游客体验质量不佳。在全国的景区中，一方面，很多景区面临严重的"同质化"现象，运营非常困难，处于亏损状态；另一方面，景区的中高端产品又严重供给不足。张朝枝等人针对"文化是旅游的灵魂"进行了反思，认为文化元素在旅游活动中非常重要，但只有经过充分解说与合理展示，让文化不断"活化"，让游客真正感受到的文化，才能发挥"灵魂"的作用[74]。对于休闲型游客而言，景区的文化越厚重，带来的压力就越大，越不符合游客的旅游心理需求。可以说，文化只是解决了一个"想来看"的卖点问题，如果内容形式表达不到位，好看、耐看、回头看的后续问题没有解决，可欣赏、可享受、可回味的问题没有解决，"文化是旅游的灵魂"也就是一句空话，自然风光型景区的重游率远远高于纯文化景区就是明证。

2. 市场维度的文旅融合

文旅融合是产业和文旅市场维度的融合，主要体现在旅游对文化的贡献上。旅游让文化插上了市场的翅膀，飞得更高，看得更远，影响更深，活力更强。旅游是文化传播、传承、交流的载体和平台，更是推向市场、展现经济和社会效益的检验台。文旅产业融合的作用主要体现为：文旅产业融合可以更好地推动文化产业上规模、上层次，构建现代文化产业体系。旅游业是全球最大的产业，市场需求巨大，对文化的带动作用绝对不可轻视。文化一旦经过新的开发和包装进入旅游市场，随即从对于本地居民的内在意义（tacit meaning）转换成了对于游客的外在意义（explicit meaning），其市场价值开始显现。尤其是全域旅游理念深入人心，各地区将全要素、全过程、全方位推出"活着"的文化旅游产品，势必促进文化产业规模的快速扩大。

当然，旅游市场上容易出现的一个现象：一旦文化全部或者绝大多数展现给游客，文化的内容便开始异化，往往从真实文化（authenic culture）变为"表演型文化"或者"假的真文化"[75]。一是将游客与当地文化、当地居民隔离开来。二是文旅产业融合可以更好地推动传统文化的保护和传承创新。一旦进入旅游市场，文化就必须从虚拟化、抽象化、书本化走出来，走向实体化、景观化、具象化；从传统的文化事业"静态"消费走向新的"动态"消费。实现这种转化的重要途径就是文化创意。例如，依托民俗文化发展民俗旅游，让更多的民间工艺、民俗节庆增强生命力；依托乡村文化发展乡村旅游、乡村度假，进一步激发乡风、乡愁、乡情；依托革命文化发展红色旅游，进一步弘扬爱国热情；依托中华传统文化发展研学旅游，促进优秀传统文化的挖掘、整理、普及和传播[76]。三是文旅产业融合可以真正实现"文化搭台、旅游唱戏"，并可通过旅游交流平台，促进文化的交流交融、互鉴互学。

中国是东方文明古国，文化就是最普遍的旅游资源，而旅游必将成为最广泛的文化市场。所谓"以旅彰文"，作为文化传承、传播、交流的载体和平台，旅游使得传统文化具备了市场吸引力，提升了文化的受众面，从传统的市民扩展到了游客。从行业角度分析，文化产业与旅游产业具有天然交融的基因、互为因果的需求。文化促进旅游特色化、品质化，旅游提升文化的市场竞争力和影响力。随着机构改革的持续推进和新组建的文旅部门的持续发力，文化产业和旅游产业两大产业体系最终会形成一个全新的文旅产业体系[77]。

3. 行政维度的文旅融合

文旅融合是保护和利用的共赢。鉴于旅游业的综合性和兼容性特征，地方旅游部门与其他部门多有交集。近年来，地方旅游管理体制的改革实践一直没有停止过。根据旅游资源的突出特征，各地旅游部门与林业、农业、文化、风景园林、文物、商贸、外事、会展等部门都有过合署办公的尝试，但整体效果不佳。自现代旅游产业诞生始，就与文化联系紧密，但是长期以来，旅游与文化"只恋爱不结婚"，甚至为了一种理念而多年互相"仇视"、互不来往的现象一直存在，其原因就在于部门分割、利益分割、体系分割[78]。

文化和旅游部门之争主要集中在专家层面，文化专家和旅游专家在风景区索道该不该建、资源如何利用、文化和历史遗产如何开发等问题上争论不止。旅游部门专家反对文化部门在文物文化保护中采取的极端保护主张，认为不能过于强调简单化、教条化的保护，其结果是文化变成了玻璃罩中的标本，让人无法充分亲近和感受，没有充分发挥其应有的社会价值；而文化部门专家反对旅游部门打着开发的名义不断破坏真文物、制造假文物。这两派专家在一段时间内甚至势不两立，影响了部门之间的感情，妨碍了部门之间的关系。双方都有理由但缺乏理性，问题的关键不是理念而是能力和技术。当时限于技术条件，无法在不破坏文物价值的情况下实现保护与开发的协调发展。随着文化和旅游两大部门的合并，以及保护利用技术的提高，"相逢一笑"的局面在不远的将来就会实现。

在国家层面，旅游部门以一种特殊的方式实现了从副部级升格为正部级的"梦想"，对于旅游业的行业管理权威和部门协调能力会大大增强。在省级层面，文化和旅游部门整合是强强联手，可以发挥"1＋1＞2"的效应。在市县层面，文化和旅游部门融合之后的行政叠加效应，让原文化部门发现了旅游这个新战场，行政积极性也大大增强。文化和旅游部门的整合可以带来很多的积极效应，主要包括：可以实现文化发展政策与旅游发展政策的叠加，让老百姓有更多的获得感，扩大幸福产业的覆盖面；各地政府的旅游发展资金、文化发展基金可以在一个部门内实现整合，更好地打造文旅产品；文化用地政策与旅游用地政策叠加，可以更好地保障文旅项目用地；文旅招商、政府营销等市场推广，可以实现文化和旅游资源整合，形成新的合力；将原有的文化市场执法与旅游市场监管整合组建文化市场综合执法队伍，统一行使文化、文物、出版、广播电视、电影、旅游市场行政执法职责，对于形成良性互动的旅游文化市场十分有利。

如果认为文化和旅游部门合并就万事大吉，文旅产业自然就融合了，这种想法同样是天真的、有害的。如前所述，文化并不是一个范畴十分明确的概念，文化与文化行政管理部门之间是存在很大差异的。原来的文化行政管理部门统筹管理包括图书馆、文化馆、艺术馆、博物馆等文化事业，而哲学、政治、制度、精神、价值观等领域的文化分属于宣传、统战、发改、城乡建设、农业农村、民族宗教、广电体育等多个部门，需要党委政府进一步统筹协调。与此同时，我们也要充分认识到，文化和旅游部门的合并在带来正面效应的同时也会产生一些负面效应。在机构改革之前，虽然保护和利用的矛盾主要表现在文化部门与旅游部门之间，但是文化部门对保护工作和旅游部门对利用工作都是高度重视的，只是部门之间表现出了工作侧重点的不一致，这是由部门工作职责的不同造成的。而在机构改革之后，保护和利用工作进入了同一个政府行政部门，原来"在门外打架"演变成了"在门内打架"，这种矛盾的张力和冲突性会更加凸显。因此，在机构改革之后，如何处理好保护和利用的关系同样需要引起我们高度关注。

4. 人才维度的文旅融合

文旅融合是供给和需求的匹配。人才是第一资源，培养造就一支高素质的文化旅游人才队伍是旅游与文化融合发展、文旅产业可持续高质量发展面临的首要任务。当前，旅游行业人才匮乏的局面依然十分严峻，主要表现在两点：一是旅游管理专业毕业生大面积流失，旅游行业留不住人已经成为业内共识；二是新的旅游产业类型快速兴起，比如民宿、特色小镇、乡村旅游等，对旅游经营管理人才需求大幅增加。根据中国旅游发展的历史进程分析，产生这种现象的主要原因有两个：一方面是旅游职业地位的尴尬。随着旅游行业规模的不断扩大，旅游业地位不断上升但职业地位急剧下降，旅游从业者的职业吸引力不断下降。最近的职业市场调查显示，旅游业在所有行业中平均收入排在倒数第二位。另一方面是旅游学科定位的尴尬。20世纪80年代旅游业快速发展对人才需求十分强烈，各地各高校迅速响应，兴办了大批旅游专业，建院建系，但旅游专业的学科人才非常匮乏，不得不从相关学科转入教师。这致使旅游学术研究长期停留在"嫁接"和"交叉"上，杂乱无章、东拼西凑的问题较为突出，旅游学科自身的学术体系、知识体系、人才培养体系一直处于非体系化、非学科化的状态。文化人才的培养同样不乐观，很少有高校设置文化产业、文化创意等文化类专业，其原因有三：一是国务院学科目录中没有设置文化学科，有的学校把文化产业、文化创意等专业放在文艺学，有的放在管理学，致使文化的学科地位非常尴尬；二是对教师队伍要求很高，没有哪个二级学科能依靠自身力量建立完整的包括艺术设计、文化鉴赏、产业经济等跨学科的专业教师队伍；三是学生就业指向不清晰，文化专业毕业生虽然知识面广，但是专业性不足，人才适应性不强，从而导致就业困难。

随着国家对文化产业的投入不断增加，产业规模、人才需求不断增强，人才供需脱节的问题有望通过文旅结合方式来解决。如果文创专业与旅游管理专业融合，形成一个文旅学科，这将是中国特色学术研究的原创性贡献。可以预计的是，文旅融合将为新型人才的培养带来革命性变化。文旅专业招生将为行业培养既懂文化、又懂旅游的专业化人才队伍，解决人才培养与市场需求脱节的结构性失衡问题，一个新兴的文旅学科专业建设将进入快车道。中国文旅专业人才培养体系所面临的难题有望在文旅部门和高等院校、文旅企业的共同努力之下得到破解，将有越来越多的优秀文旅人才脱颖而出。

三、文化产业与旅游产业融合

文化产业和旅游产业因其本质属性和特征具有天然的耦合关系。一方面，从本质属性上看，文化产业和旅游产业都是拥有经济、文化双重属性的综合性产业[79]，二者融合发展有利于实现互动共赢；另一方面，文化和旅游是互补性产业。在稳增长、调结构、促改革、惠民生的新时代背景下，文旅融合发展能够带动文化和旅游产业转型升级[79]，催生新兴产业，激发企业发展活力，满足人们多样化、个性化、高品质的文化消费需求[79]。

1. 以理念融合为基础

文化和旅游的融合不是把一些简要的文化元素添加在旅游过程中，也不是单纯对文化资源进行旅游产业化的开发[79]，更不是产业间的消融解构、此消彼长，而是蕴含着发展思维、发展理念[80]。正如"文化＋""旅游+"和"互联网＋"强调的是产业间的互利共赢、相融共生，文旅融合的基础是从思维和理念上树立融合发展的意识，明确文化和旅游融合不是简单的"拉郎配"[81]。

2. 以职能融合为保障

组建文化和旅游部是贯彻十九大精神、全面深化改革、推动国家治理能力和治理体系现代化的重要体现[79]，是致力于解决多年来旅游主管部门和文化主管部门在行政管理体制上多头管理、职责分散交叉等管理方面的痼疾，解决诸如旅游文化资源在利用和保护方面难以协调管理、统筹把握等问题[79]。文化和旅游部的组建只是职能融合的开始，应在理顺管理机构体制机制的基础上，充分整合和发挥资源融合、资本融合、人才融合的优势，推动文化和旅游的可持续发展[79]。

3. 以资源融合为抓手

文化资源所具有的原真性和独特性是文化旅游的灵魂。文化旅游资源通过利用和活化开发，能够转化为具有持续开发潜力和优势的价值[81]。此外，通过文化资源的产业化和商品化，能够将静态的物质资本转化为可为人们所感受和体验的文化资本[81]，"旅游产业的文化化"和"文化产业的旅游化"得以实现。根据世界经济论坛《2017 旅游业竞争力报告》（The Travel & Tourism Competitiveness Report 2017），中国文化旅游资源丰富，其竞争优势位居全球首位，但中国文化旅游竞争力的综合排名却仅为全球第 15 名[79]。因此，要深入挖掘文化旅游资源潜力，借助互联网信息技术和融媒体传播技术，推动优秀文化旅游资源保护和活化利用，向存量资源要效益，将资源优势转化为产业优势，释放经济发展新动能[79]。

4. 以产业融合为核心

产业融合的关键在于产业价值链的融通。文化产业和旅游产业有各自的产业发展规律和逻辑，文化产业附加值高、变现能力强且最具融合力，旅游产业经济拉动力、产业带动力和消费感染力强。寻求和匹配文化产业与旅游产业价值链的契合点和融合点，有利于充分发挥文化和旅游在产业发展中的相互作用及在整个社会经济中的推动作用[79]。此外，在文化和旅游产业及相关产业融合发展中，要注重培育和发展新业态，使其成为经济社会持续发展的重要力量[79]。

5. 以科技融合为助推器

产业融合创新因技术融合发展而带来了新的发展机遇。5G 时代，文化旅游和科技深度融合，有利于触发文化旅游发展渠道、组织形态、产品形式以及生态环境的重大变革，进一步开拓市场空间，提升产业效能[79]。2018 年 3 月，国务院印发《关于促进全域旅游发展的指导意见》，提出要推动旅游与文化、科技融合发展，强调要借助大数据技术推动全域旅游发展。随着数字经济的快速发展，人工智能、物联网、云计算、虚拟现实等多领域技术发展迅猛，且不断加快文化与旅游业的融合。科技的快速发展将带来文化和旅游产业呈现方式与体验感受的颠覆性改变[82]，加快推动文化和旅游的深度融合[79]。

四、文旅融合需要关注的五大问题

文化旅游业将发展成为我国支柱性产业之一[83]。随着人们日益增长的美好生活的需要，我国经济由高速增长阶段转向高质量发展阶段[84]，文旅融合发展需要关注以下五大问题。

1. 推进职责整合，形成协同合作机制

推进职能整合，确保职责到位。各国政府越来越重视旅游与文化的紧密关系，通过政府管理机构的调整，促进这两个产业和事业的共同发展和融合[79]。例如，韩国的文化体育观光部，日本的国土交通省（观光厅），澳大利亚的贸易、旅游与投资部，英国的文化传媒及体育部，俄罗斯的体育旅游青年事务部等。但是，行政管理机构的调整并不意味着机制整合工作的结束，重头戏还是职责到位，要根据产业发展的需要，打破文化和旅游行业边界，设计好内设部门职能和跨部级旅游政策协调机构[85]，确保职责到位。

2. 理顺区域政府间的协作机制

鉴于我国行政区划和文化区划在空间分布上的不一致性，文旅融合发展要着力推进区域间的广泛合作和统一协调[79]。具体而言，就是建立区域文化与旅游合作机制和综合协调机制，明确责任分工，通过整合文化与旅游资源、差异化发展，避免同质化恶性竞争，推动区域文化旅游一体化建设[86]。随着《国家级文化生态保护区管理办法》和《大运河文化保护传承利用规划纲要》的颁布，文化旅游跨区域协同发展成为热点[87]。对此，要建立目标明确的文化旅游区域协同发展模式和路径，加强文化协同、组织协同和战略协同，保护文化空间和文化资源的整体性、延续性和特色性，形成协同互助、特色鲜明的发展态势[79]。

3. 完善统计体系，加强数据基础建设

在文化和旅游部组建后，国家统计局分别于 2018 年 4 月 2 日和 4 月 4 日发布了《文化及相关产业分类（2018）》和《国家旅游及相关产业统计分类（2018）》。对比分析两者的产业门类划分，不难看出，只有旅游及相关产业中的"旅游游览""旅游娱乐"部分和文化及相关产业中的"文化休闲娱乐服务"重合[79]，其他大部分类别不重合[88]。

国家统计局已公布的数据："2017 年全国文化及相关产业增加值34722 亿元，占 GDP 比重为 4.2%；同年全国旅游及相关产业增加值为 37210 亿元，占 GDP 的比重为 4.5%。"由此得知，文化和旅游部组建后，文化产业与旅游产业仍是分开核算[89]。而 2019 年 5 月 30 日《中华人民共和国文化和旅游部 2018 年文化和旅游发展统计公报》只公布了"全年实现旅游总收入 5.97 万亿元，同比增长 10.5%"，并未对文化产业的增加值及其占 GDP 的比重进行公布[90]。

文化产业与旅游产业的统计工作可能仍有很长的路要走。文化和旅游产业的统计核算十分复杂，涉及产业与事业的联系、多产业融合交织等问题，是否需要统筹文化与旅游产业的统计体系、形成统一的统计报告，还需要根据产业自身的特性和发展规划进行研判[91]。高度重视文化和旅游产业领域的统计工作，进一步加强文化和旅游领域的统计基础性工作，如完善制度方法、基层数据和数据收集渠道等[79]。同时，还要建立畅通的部门间工作机制，提高文化产业统计的整体水平[92]；着力加大对文化产业统计数据的解读和宣传力度，做好数据的应用，形成切实可行的专题报告，指导和推动文旅融合发展[79]。

4. 注重文化传承，满足美好生活需求

（1）注重文化传承。文化和旅游融合有利于推动优秀传统文化资源的活化利用和传承创新[79]。旅游是文化资源重要的传播载体，是文化场景化、活态化、生动化的传承途径[93]。依托优秀文化资源发展文化和旅游业，不仅能增强在地文化旅游的特色和吸引力，提升产业竞争力，还能保护和传承优秀文化旅游资源，达到"以文化名城""以文化名人"的效果[79]。当然，在文旅融合发展的过程中，要系统梳理优秀文化旅游资源，注重对文化旅游资源原真性、完整性、活态性的保护[94]。以融合为路径，以科技为手段，以保护为前提，以市场为导向，推动文化和旅游可持续、高质量发展[95]。

（2）满足美好生活需求。以文化传承为目的，推动文旅融合，有利于满足人们美好生活需求。文化变迁理论认为，文化在社会变迁中将发生功能上的改变，从满足人们在制度、物质上的生产、生活需要，转为对人们审美、心理上的满足[96]。正是这种文化功能的变化推动了第三产业的发展，促生了文旅产业，反过来又从经济的角度推动文化传承和复兴[94]。

五、文旅融合效益

随着人们收入水平不断提高、国内消费结构不断升级与城镇化建设的持续加快[97]，外出旅游已经不单单为了观光游览，有品质的文化旅游才能带来更多的体验感、满足感和幸福感，"好不好"已经成为人们美好生活的重要评价标准[79]。为适应这种变化，以满足人民群众美好生活需要为文化旅游产业发展的出发点，依托传统优秀文化资源，优化文化旅游资源的配置，不断推出文化旅游精品，使群众能够享文化、乐旅途[79]。

1. 培育文化旅游新业态

加大融合力度，培育文化旅游新业态。正如前文提到的，文化和旅游作为渗透性、交叉性、融合性较强的产业，势必会在发展过程中融合[79]，同时与其他各个行业相互作用，催生新业态，成为经济发展的新动力。遵循文化和旅游产业发展规律，推动文化与旅游在更广范围、更深层次、更高水平上实现融合发展，有利于最高程度地发挥产业优势，释放产业效能[98]。

（1）以文旅融合推动乡村振兴。借力文旅融合，推动乡村振兴。根据世界旅游组织颁布的《2020 年旅游业远景：全球预测与市场解剖》，2020 年国际旅游市场上将有 3%的旅游动机来自乡村旅游。乡村旅游作为文化旅游的重要形式之一，显示出强大的生命力和发展潜力，被越来越多的国家关注。在我国，通过文旅融合，大力发展乡村文化旅游，能够推动乡村振兴、精准扶贫、美丽乡村建设，唤醒乡村发展振兴的原力，促进城市文化和乡村文化的协调发展[79]。

（2）旅游演艺成为文旅融合"排头兵"[99]。2019 年 3 月，文化和旅游部印发的《关于促进旅游演艺发展的指导意见》提出：到 2025 年，旅游演艺市场实现繁荣有序[79]。近年来，旅游演艺进入快速发展期，从 2013 年到 2017 年，我国旅游演艺票房收入从 22.6 亿元增长到 51.5 亿元，增长了 128%[100]。但值得注意的是，旅游演艺也因缺少创新性和原创性、内容同质化、"叫座不叫好"、投资回报率低等问题而受到诟病[79]。对此，要坚定文化自信，坚持正确的价值导向和以人民为中心的创作导向，加强对优秀传统文化资源的活化保护和创造性发展[79]，不断丰富旅游演艺文化内容，提高旅游演艺产品质量，不断创造出群众满意的、喜闻乐见的旅游演艺产品，满足人民群众日益增长的美好生活需要[101]。

2. 展开国际视野，提升国民文化自信

文化是国家形象传播的纽带，旅游是国家形象展示的重要窗口[79]。文化和旅游融合发展在推动产业逆势增长和经济转型升级、扩大国家间交流合作和人文往来、传播国家文明成果和文化内涵、增强国家认同感与提升国家形象等方面都有着非常重要的作用[102]。国务院发布的《"十三五"旅游业发展规划》提出，要构建旅游开放新格局，实施积极的旅游外交战略[103]。

根据文化和旅游部发布的《2018年旅游市场基本情况》，2018年我国入境旅游人数14120万人次，比上年同期增长1.2%；出境旅游人数14972万人次，逼近1.5亿人次大关[104]。中国已经成为全球最大的旅游客源国和第四大入境旅游接待国[105]。随着"一带一路"倡议的持续推进，文化和旅游融合发展迎来新机遇，成为展示国家形象、讲好中国故事的重要载体[106]。

新的历史时期下，文化旅游融合发展承载着不同的历史使命。一方面需要树立文化自信，深入梳理和挖掘优秀文化资源，调结构，促转型，丰富入境游客的文化旅游方式，提高境外游客的满意度和体验感[79]，于无声中传递中华民族的文化魅力；另一方面也要倡导文明出境游，每位游客的境外活动都是国家文化和形象的象征，要继承与宏扬中华民族文明古国和礼仪之邦的优良传统，提升国民素质，规范出境行为，为中国精神、中国气质的对外传播搭建桥梁[79]。

第三节　文旅融合的市场动力机制

文化和旅游的关系主要有以下几种说法：①灵魂载体说。文化是旅游的灵魂（Soul），旅游是文化的载体（Carrier）。于光远先生（1986）提出"旅游是具有浓厚文化色彩的经济事业，也是具有浓厚经济色彩的文化事业"[107]。游客追求原真的文化，旅游是文化资源重要的传播载体，是文化场景化、活态化、生动化的传承途径。②资源市场说。即把文化作为重要的旅游资源，旅游作为文化市场化的手段。③宜能促彰说。文化和旅游部部长雒树刚（2018）提出"宜融则融，能融尽融，以文促旅，以旅彰文"的文旅融合原则，文化和旅游之间更像是合作关系。

范周（2019）指出理念融合是基础，职能融合是保障，资源融合是抓手，产业融合是核心，科技融合是助推器[108]。可见发挥企业这个市场主体作用是文旅融合的关键。根据 1997 年洲委员会"绿皮书"（Green Paper）的定义，融合是指"产业联盟和合并、技术网络平台和市场等三个角度的融合"。借鉴企业多元化成长的路径，相关多元化路径有资源相关、技术相关、市场相关与服务相关。文旅融合的路径应依据市场规律开展资源融合、技术融合、市场融合和功能融合。文化是旅游的市场价值来源，旅游可以助力文化的市场价值实现、保护和传播文化乃至创造新文化，旅游可以成为文化的价值保护者、转换者、传播者和创造者。

一、文化是文旅市场的核心战略资产

斯罗索比（Throsby，2010）指出文化资本与物质资本、人力资本和自然资本并列为第四种资本，文化资本是以财富的形式表现出来的文化价值的积累[109]。旅游企业之所以要融合文化，因为无论是遗产文化、现代文化还是创意文化均可以成为企业的核心战略资产。遗产文化价值的特殊性在于它的年代价值。遗产文化具有经济性、稀缺性、公共性、外部性和垄断性特征（周锦等，2008）[110]。创意文化因其技术含量、信息不对称以及知识产权保护可以产生垄断利润。可见文化可以给企业带来垄断价值，形成可持续的核心竞争优势。

巴尼（Barney，1991）指出：能够形成持久竞争优势的资源是有价值、稀缺、难以模仿、可持续的[111]。文化资产具有三个特征：①地方特有（place Specific）。文化往往是在空间上具有独特性，文化的区域差别明显。中国地域上有江淮文化、徽文化、齐鲁文化、燕赵文化、河洛文化、三秦文化、岭南文化等，饮食文化存在南甜北咸东辣西酸的差异。②路径依赖（path dependent）。文化具有时间压缩（time compressed）、历史构建（historical constructed）的特征，是长期历史演变而成的。③难以言传（unutterable）。文化因偶尔歧义与社会复杂（casual ambiguity and social complexity）而难以解释、难以表述。文化景观的内容除聚落、道路、田野等之外还有"气氛"这种难以表达的地方特征。这些特征形成了文化中难以模仿与不可替代的可持续竞争优势。

二、旅游是文旅市场的空间生产方式

文化必须通过市场化转换才能实现其价值，旅游就是文化的空间生产方式。现代游客更多地追求文化消费，即意义符号的消费。正如卡勒（Culler）所言：现代游客是一支"符号部队"，他们往往把寻找符合自己意象的符号与象征作为旅游体验的一种驱动，陶醉于符号的流动与刺激中。麦坎内尔（MacCannell）也认为：受到城市化和现代化不断冲刷，地区固有文化及情怀逐渐失落，游客往往希望重新接触生命意义、民俗文化、宗教生活、乡愿情怀等已失落的东西，并对其他人的真实生活感兴趣，游客的目的是寻找原真性（authenticity-seeking）。游客凝视学说（tourist gaze）创始人厄里（Urry）认为，后福特主义以"消费"为取向。单纯的产品生产制造是不够的，必须赋予产品特定的意义符号，以这些符号引发行动者的消费欲望。消费是在消费"物品的符号意义"，而非"物品本身"。旅游活动已经成为一种符号与经验的消费，消费对象不再限于有形的物质，无形的象征、氛围甚至愉悦感，都可以透过符号价值的交换而被购买[112]。

文化符号需要经过可视化与体验化转换，才能成为消费品。迪克斯（2012）指出：当文化成为某种旅游资源后，越来越多的旅游者前来参观"文化"，但并非所有文化都具有可视性（visitability）[113]。因此，将文化旅游吸引物根据游客的需要恰当地展示出来，即对文化资源进行可视性生产显得日益重要，文化的可视性生产是游客体验文化的基础。游客凝视指的就是某特定景点意义符号的生产与消费。旅游景点的特殊性，即异于日常生活的特殊性是由文化符号建构起来的，符号所建构起来的意义也强化了游客感官的旅游经验。通过游客凝视，旅游地提供的一切都是付费的，都成了商品，视觉消费成为现代旅游活动的另一重要特点。旅游利用是实现遗产价值活化传承、强化公众遗产价值认知的一种重要方式，本质上是将文化作为旅游资源（旅游吸引物）进行可视性生产。其实在体验经济时代，通过现代技术的应用，文化旅游就是对文化进行可体验性（Experientiability）生产。

　　文化是企业的战略资产，旅游是企业的生产方式，这才是文旅融合的市场动力机制。文旅融合的市场动力源于两者的内在协同以及融合后形成的规模经济与范围经济。

实践篇：中国文旅融合实践

第三章　华北地区文旅融合实践

第一节　北京：
全国文化中心建设的文旅融合

一、故宫博物院从阳春白雪转向喜闻乐见

故宫博物院是在紫禁城宫殿和皇家收藏的基础上成立的，其成立于晚清走向民国的历史进程中，政治的、文化的、历史的种种面相都蕴含其中。

过去，故宫博物院一直保持传统博物馆"高冷"的形象。展览虽有文化内涵，但并不为普通百姓所喜闻乐见，有一定的距离感。故宫里的文物被看作远离当今社会的物品，只是被观赏、研究的对象。它们有灿烂的过去，也应该有有尊严的现在，还应该健康地走向未来，所以故宫在改变，在往文旅融合的方向发展。

现在，故宫博物院自身的品质和角色仍旧存在，但形式和内容却从阳春白雪转向喜闻乐见。展览虽具有一定的专业性，却尽可能地贴近人们的生活，从大部分受众可以理解的角度来设计展览。

二、故宫博物院文旅融合定位与理念

1. 精准的市场定位

在客群定位上，故宫刚开始将自己的产品客群定位在 35 岁到 50 岁，以男性为主，在产品设计上偏向传统。直到几款年轻化产品爆红，才促使故宫调整步伐更加注重年轻群体。现在，故宫已将自己产品用

户定位在 35 岁以下，以女性为主。

（1）产品与生活对接。故宫已推出的产品，大多是一些观赏性的瓷器和绘画，虽属精品，却很难打动消费者。现在故宫产品的研发，除了上述产品外，更多的是在文化底蕴的基础上与大众生活息息相关的产品[114]，让产品具有"实用性"，尽可能地扩大产品覆盖面，现在其包含了文物藏品、生活用品、服装首饰、创意出版、创意家居、创意文具等方面。故宫文创产品不再是简单地复制藏品，而是找到了与社会生活的对接点[115]。

（2）根据客群分类定位价格。不同的客群有不同的消费能力，故宫针对不同的客群大致可以把产品分为萌系产品和雅系产品。萌系产品风格多以"呆萌"和可爱为主，迎合年轻群体，定价显得亲民；雅系产品风格则多以典雅和别致为主，符合传统文化爱好者，定价相对偏高[116]。

2. 寓意导入故宫文化特质理念

创意引申是指提炼故宫文化特质，引申到具有相同特质的生活用品中。寓意导入是指将故宫文化中寄托美好祝福的话语或图案，导入到日常生活用品中。主题系列是指利用同一主题的故宫文化，开发多种不同种类的文创产品。故宫猫系列是其中的佼佼者。故宫猫灵感来自故宫的 20 多只"猫保安"，设计师根据故宫猫的历史渊源、文化寓意和背后故事，设计出"大内咪探"形象，并打造了书包、橡皮、手表、手机壳等系列产品[117]。2016 年，故宫猫系列文创产品获得了中国旅游商品大赛金奖。

三、案例

1. 故宫夜游打开面向世界的另一扇窗口

2019 年春，为了拉动夜间经济，故宫首次在夜间开放。当时消息一出，举国上下一片沸腾，大家对夜间的故宫充满好奇。故宫在此节点开放，无异于给了大家一个机会去探索故宫的神秘。当然，更多的人对故宫的好奇并不止于电视上渲染的那些故事，作为国家的名片，故宫承载了几千年来中华民族的传统文化。

故宫夜游，是北京夜间经济与文化旅游相融合的一步。北京是全国文化中心，作为首都，是面向全中国甚至全世界的一个窗口，这里有举世闻名的故宫、长城。自从中华人民共和国文化和旅游部成立后，全国各个地方都在探索文化与旅游融合的新模式。以故宫为例，开放夜间故宫是其文化旅游融合的一个象征。

2. 科技引领、地接网络语言的文创商品

六百多岁的故宫，虽顶着皇家招牌，但不是固执守旧的老人，它随着年龄的增长，越活越年轻。文能及时洞悉网络语言，武能勇于尝试高新科技。

在故宫博物院的官网上，我们可以看到大量具有故宫特色的文化产品出售，小到铅笔橡皮，大到折扇书籍。从这些产品上，我们能够感受到故宫的文化，这是我们中华民族沉淀多年的历史文化。故宫博物院里的这些文创产品外观美丽，富有古典的味道。

故宫博物院，单单文创商品一年收入超过 10 亿，文创商品让严肃的文化走进年轻人的时尚生活，也带来了十分丰厚的价值变现[118]。

3. 基于文化中心建设的实践特征

北京市基于文化中心建设进行文旅融合：在顶层设计上融合，聚焦全国文化中心建设；在高质量发展上融合，聚焦供给侧结构性改革；在品牌塑造上融合，聚焦文化旅游产品创新；在形成合力上融合，聚焦构建融合发展机制[119]。

第二节　山西：
特色乡村创意演绎剧场的文旅融合

一、司徒小镇原创项目

山西省的文旅融合实践主要在特色乡村。司徒村是其中的典型案例。村民原创的乡村创意演艺剧场已成系列，先后问世的有《千年铁魂》《又见老山西》《梦回老山西》等项目。开创了农民原创、农民演出、农民经营、农民管理的发展模式，打造了国内首家自创、自编、自导、自管、自营的乡土人文创意项目，成了乡村旅游演艺项目投资收益"3年破亿"的国内经典案例，投资开发了诸多商业休闲消费业态，经过市场的检验，大获成功。

二、司徒小镇文旅融合定位与理念

1. 瞄准"五个一"的定位

（1）编写一个好故事。通过在地文化"9头18匠"煤铁故事的传承，通过创新文化"5000年老山西人文"的嫁接，通过时尚文化"情景剧沉浸式互动演出"的创造，实现司徒村从"乡村振兴"到"特色小镇"的发展，司徒小镇风生水起，成为备受欢迎的旅游消费目的地。

（2）谋划一个新产业。不论是"特色小镇"，还是"乡村振兴"，必须产业先行。产业的发展必须是"产业系+业态群"，才能够成为一种经济模式，这才是当地政府谋划的关键点。

（3）搭建一个大平台。吸引更多的、更好的创业型公司和人才来到司徒村，才是"乡村振兴"与"特色小镇"可持续发展的基础。

（4）选择一个好环境。要想"生产、生活、生态"三生并重，良好的区位优势和生态环境必不可少。区位优势是"乡村振兴"与"特色小镇"选址的比较优势，生态环境是"乡村振兴"与"特色小镇"选址的成本优势。

（5）建好一条资本链。产业主导、产业先行、产业维系，必须要拿到当地政府的政策突破点、政策优势点、政策覆盖点，同时形成债股并行、渠道畅通的"投资—收益—退出"机制，才是"乡村振兴"与"特色小镇"成功的关键路径。

2. 繁荣优秀文化与发展经济相结合的理念

山西文旅融合把繁荣先进文化与发展现代经济结合起来。把弘扬三晋优秀文化与加快文化旅游产业发展结合起来，推动文化功能与旅游价值、文化业态与旅游业态、文化创新及旅游创新多方位、全链条深度融合，实现资源共享、优势互补、协同并进，为文化建设和旅游发展提供新引擎新动力，形成发展新优势，做强五台山、云冈石窟、平遥古城三大品牌，隆起黄河、长城、太行三大板块，完善大运黄金旅游廊道，构建全省域旅游发展"331"新格局，加快把文化旅游业培育成山西省战略性支柱产业。

三、案例

1. 改革破题，盘活集体资产

自 1999 年开始，司徒村紧跟时代步伐，以经济建设为中心，以壮大集体经济为主线，带领全体村民闯出了一条工业发家、农业旺家、旅游成家的发展之路。第一个地面企业就是编织袋厂。项目定了，没有资金，大家积极筹集资金，很快就筹集了 78.6 万元资金。就这样 2000 年 8 月"创和塑料制品厂"诞生了。到年底，短短 5 个月，创和塑料制品厂就创造产值 272 万元，实现利润 58 万元。

从 2000 年至今，司徒村坚持以经济发展为重心，集体总资产超过 7 亿元，并且鼓励村民入股集体企业，享受集体经济发展红利。2000 年至今，单单村民入股一项，分红总额就达到 6000 余万元。

2. 与时俱进，创新文化旅游巷

2010 年，该村在村南的一片垃圾山和渣石山上开始动工修建司徒小镇，当时以现代农业园为主，以晋城市现代都市农业园立项，到了 2011 年运用"农民土地，市民种"理念，开启了司徒小镇的第一个产品"开心农场"。土地由园区统一流转、统一经营，以旅游的"食住行游购娱"为导向，在 2015 年的国庆节成功开启了第三个产品"六尺巷"。六尺巷即司徒小镇明清文化街，深度还原了老山西的市井生活。从开业到现在，临街小商户从 48 家发展到如今的 186 家。

3. 整合资源，打造民俗实景剧

由于开心农场、老锅巷和六尺巷，司徒小镇逐步有了人气，举办了"司徒小镇第一届民俗文化节"，以"春到司徒"为主题，活动以打铁花为主。民间传统打铁花于 2015 年春节期间在司徒小镇的湖心小岛首次上演，从此司徒小镇一炮走红，总客流量超过了 50 万人，各项收入总计 1450 余万元，成了晋城市人气最旺的一场文化活动。

2015 年至今，已连续成功举办了五届民俗文化节，累计接待省内外到访游客 700 余万人，游客接待量屡次刷新晋城市旅游行业记录。独创的大型山水实景剧《千年铁魂》和《又见老山西》，频频亮相于央视和各省市电视台，以及新浪、网易、搜狐等各大主流媒体。

4. 基于地方特色乡村文化创意的文旅融合特征

山西省基于民俗旅游建设进行文旅融合：基于当地特色乡村文化进行创新，开发乡村旅游演艺项目，发挥人文特色，共享资源，做强板块，激活运河廊道。构建新型产业，搭建创业平台，与时俱进，打造出盘活集体资产后的文化旅游巷、民俗实景剧，运用新浪、网易等主流媒体传播。

第三节 内蒙古：
草原文化歌舞诗画演艺的文旅融合

一、运营有草原各市特色民俗文化内涵的演艺产品

近年来，内蒙古自治区旅游演艺进入了快速发展阶段，根据目前公布数据，内蒙古在"十三五"期间重点打造的旅游演艺产品就有 12 个，分别是《千古马颂》《马可波罗》《无伴奏合唱》《呼伦贝尔大草原》《鄂尔多斯婚礼》《天骄·成吉思汗》《阿拉腾陶来》《契丹王朝》《库布其》《森吉德玛》《黄河水绕着准格尔流》《灵魂之旅》[120]。各盟市也在逐步运营有自己文化内涵的演艺产品，如呼伦贝尔市推出《天边》《额尔古纳之恋》《蒙古之源·根与脉》《敖鲁古雅》《彩虹之路》《界河大舞台》等；兴安盟打造了大型原创音乐舞蹈诗画剧《梦幻阿尔山》和《圣水石兔》等作品；通辽市莱盛演艺集团为景区打造了歌舞剧《敖包相会的地方》和宫廷乐舞《梦回科尔沁》[121]。

由内蒙古民族艺术剧院于 2014 年打造推出的《千古马颂》作为内蒙古自治区文旅融合发展的排头兵，备受社会各界关注和好评[122]。该

剧目以马表演为主，综合运用了蒙古族歌、舞、乐、杂技等艺术元素，融合现代高科技舞台技术，为观众呈现了一场风格浓郁、艺术精湛、内涵深刻的视听盛宴。该剧目于 2015 年获得国家艺术基金跨界融合类舞台艺术项目的资助，并被列为内蒙古自治区文化产业重点项目。该项目现已成为内蒙古自治区独特的文化旅游品牌，并以其独特的艺术风格在全国旅游演艺市场独树一帜，最终在 2018 年荣获艾蒂亚"中国最佳旅游演艺项目奖"[123]。

二、内蒙古文旅融合定位与理念

1. 多维文化叠加的定位

（1）多维草原地域文化融入旅游、演绎产品和商品

内蒙古自治区人多民族聚居，蒙元文化、游牧文化、河套文化、林俗文化、红山文化、红色文化等在此交融汇聚。近年来，随着内蒙古大力实施"旅游+文化"战略，文旅融合新生态已经成为旅业业发展新的增长极[124]。在内蒙古首届旅游发展大会召开以后，文化旅游发展如雨后春笋，在旅游产品、景区演艺产品和旅游商品的设计研发上不断深入融合历史民族文化、地方风俗风情[125]。

（2）深度打造蒙古历史特色文化的体验民俗和演出

自从 15 世纪中叶，守护和祭祀"八白宫""苏勒德"等象征成吉思汗灵魂和战功圣物的蒙古族鄂尔多斯部，进驻鄂尔多斯地区，使鄂尔多斯成为以蒙古族为主体、以汉族为多数的多民族聚居区，蒙古族文化成为鄂尔多斯历史民俗文化的重要组成部分[123]。

2019 年，九城宫旅游区为了能让游客体验吃蒙古餐、住蒙古包、骑蒙古马、看演出、祭敖包、跳篝火，感受蒙古民俗和原生态游牧生活，建成了占地 900 余亩的伊克汗蒙古游牧部落[123]。

2. 历史文化旅游演绎与纳凉避暑相结合

黄花沟旅游区处于"中国草原避暑之都"的核心区，辽阔的鲜花草原，加之纳凉避暑的属性，每年吸引数十万游客。文化是旅游的灵魂，内蒙古一直在研发更新文化演艺产品，把蒙古族歌舞、祭敖包、祭拜长生天等古老的文化更好地呈献给游客，让游客深刻地感受这片

草原厚重的文化遗产。今年对演绎场馆进行了扩建,之前的场馆只能容纳百余人观看,演出规模也比较小,改扩建后可容纳 2000 人观看演出,演员阵容也从原来的 20 人增加至 100 余人[126]。

三、案例

1. 民族婚庆体验解读草原民俗文化

蒙古族的婚姻仪式是多种多样的,这其中尤以鄂尔多斯婚礼最为精彩[127]。鄂尔多斯婚礼有哈达订亲、佩弓娶亲、拦门迎婿、献羊祝酒、求名问庚、卸羊脖子、分发出嫁、母亲祝福、抢帽子、圣火洗礼、跪拜公婆、掀开面纱、新娘敬茶、大小回门等一系列特定的仪式程序和活动内容,把已经流传了 700 多年的鄂尔多斯婚礼搬上舞台,让游客通过比较轻松的形式了解鄂尔多斯的歌舞、饮食、文化、礼仪和风俗[126]。

2. 大型实景对马背上民族历史的演绎

2019 年,二连浩特市引进了大型实景历史剧《成吉思汗黑纛》,该剧组拥有蒙古国 50 名矫健骑手、60 多匹训练有素的蒙古马、俄罗斯黑马、矮马、纯种汗血宝马[126]。演出场景分为 12 幕,依次为黑纛、老牧人、狩猎、那达慕、萨满等,生动地讲述了成吉思汗统一草原上的游牧部落、结束连年不断的战乱、建立蒙古汗国的过程,场面宏伟壮观[126]。2016 年《成吉思汗黑纛》演出了 60 余场,游客反响较好。2017 年,投入了 5500 万元,对《成吉思汗的黑纛》演出场地进行舞美、灯光提档升级,更名为《天骄传奇》,并对原有演出剧情进行更新设计,同时增加对马背上民族历史的演绎,提档升级后的演出效果会更加震撼"[123]。

3. 挖掘非物质文化遗产的旅游价值,重拾"记忆"

(1)让"美好记忆"重回公众视野

据统计,内蒙古入选联合国教科文组织人类非物质文化遗产代表作名录项目 2 个,国家非物质文化遗产代表性项目 78 个,自治区级项目 342 个,盟市级项目 1190 多个[128]。有国家非物质文化遗产项目代表性传承人 42 名,自治区级传承人 564 名,盟市级传承人 2104 名,旗县级传承人 3732 名。近年来，内蒙古不断挖掘非物质文化遗产潜在的旅游价值，让"美好记忆"重回公众视野[123]。

（2）挖掘非物质文化遗产的体验性和观赏性

内蒙古自治区基于特色文化建设进行文旅融合：内蒙古自治区充分发展游牧特色文化旅游演艺，多种文化叠加旅游融合，深度体验地域特色文化，以历史文化提升旅游品质，挖掘当地非物质文化遗产的潜在旅游价值。

第四节　天津：
历史街区"万国博览"式的文旅融合

一、五大道历史文化街区开发文博文创主题店

和平区五大道文化旅游区是天津文旅资源集聚区，也是天津文旅深度融合、夜间经济发展最具代表性的区域之一[129]。在 2019 中国夜间经济论坛上，五大道获评"游客喜爱的十大历史文化、商业街区及网红步行街"。和平区委、区政府认真落实天津市委、市政府关于繁荣发展夜间经济决策部署，投入 1000 余万元扶持启动资金，带动了五大道 200 余家旅游窗口单位业态提升，促进了消费增长。今年夏季以来，民园广场及周边地区增加了一批特色餐饮、文博文创主题店，举办了 140 余场公益性文艺演出，直接观众达到 30 多万人次[129]。

二、天津历史街区文旅融合定位与理念

1. 政策引领打造网红城市

2019 年 7 月，《天津市促进旅游业发展两年行动计划（2019—2020 年）》出台，推出了 20 项举措、20 条政策、20 件实事[130]。2020 年和 2021 年，天津将围绕旅游发展全域化、旅游供给品质化、旅游治理规范化、旅游效益最大化，打造名人故居游、文化博览游等众多精

品线路，努力实现旅游业态显著丰富、旅游品质明显改善、市场份额稳步扩大、城市形象不断提升。打造网红城市，天津在行动[129]。

2. 深挖历史港口城市文化基因

天津拥有丰富的文化旅游资源，具有网红城市的基因和巨大潜质[129]。天津是国家历史文化名城和首批中国优秀旅游城市，天津港是北方最大的综合性港口，天津邮轮母港是全国六大邮轮旅游发展实验区之一[131]。九国租界造就了天津中西合璧、古今兼容的城市风貌。天津完整保存着 877 座历史风貌建筑，被称为"万国建筑博览会"[132]。

坐落于海河畔的利顺德大饭店，是一家拥有 156 年历史积淀的"中华老字号"企业。近年来，饭店找准文旅融合切入点，致力于全方位讲好"利顺德文化故事"[133]。饭店还原性升级了 20 余间历史名人客房，挖掘传承了"奶油栗子粉""李鸿章烩菜"等老菜单菜品，设计制作了"一品当朝"帽衫、英伦宫廷羽毛笔等蕴含利顺德元素的文创产品，深入打造旗袍美拍、共享书吧和室内音乐会等活动，让客人全方位浸入式感受饭店的历史文化，吸引了众多"90 后""00 后"的关注，成为网红打卡地[129]。

3. 营造和传播热度城市空间场景

天津统筹协调资源，突出现代风情和历史文化，营造吸引人关注、有传播热度的城市空间和场景，取得积极成效[129]。以超强设计感和传播力成为全球网红的天津滨海新区图书馆，今年以来接待全球观众 200 多万人次[129]。滨海新区图书馆副馆长刘秀峰介绍道："培育新型文化地标，以'滨海之眼'为符号推广图书馆形象。精心维护建筑空间品质，输入新理念和新资源，积极把内涵建设从提升内容含量跃迁到提升概念含义[130]。培育新型文化场景，生动呈现图书馆是滋养民族心灵、培育文化自信的重要场所[134]。以'书山'为环境营造沉浸式场景，观众的阅读行为在这里演变成读、看、停留、体验、联想、秀等[135]。培育新型公共服务供给主体，以滨海文化中心综合体为依托，实现综合性、融合化、一站式服务[129]。"

三、案例

1. 发展文创旅游小企业传承非遗项目

第十五届中国北京国际文化产业博览会于 2020 年 9 月 4 日至 9 月 9 日在北京国家会议中心举办[136]。此届北京文博会是 2020 年中国国际服务贸易交易会的重要组成部分，京津冀三地的部分文旅企业将携手亮相京津冀文化协同发展展区[137]。天津文旅展团以"文旅融合·魅力天津"为主题，共组织 16 家文旅企业（项目）参展，立足服务中小微文旅企业，创造展示和交流平台。天津展区展出了天津优秀传统文化和文旅产业发展成果，追求参展实效，助力中小微企业发展，包含了非遗、演艺、艺术品、文创产品、旅游商品、旅游资源等内容，百年非遗焕发新活力。

杨柳青年画、"泥人张"彩塑、益德成闻药都是具有天津地域特色、传承百年的非遗项目。今天，这些百年老字号又焕发出了新的生机[138]。天津杨柳青画社作为杨柳青年画传承、保护示范基地，在传承中创新，在改革中发展，提出"非遗+""文创+""中华老字号+"的发展思路，联合多家天津品牌，研发出多种新品，让世界看到"中国元素""天津文化"。泥人张彩塑工作室立足现实、红色、历史等题材，创作了大批反映生活、讴歌时代、弘扬社会主义核心价值观的新作、力作。新冠肺炎疫情发生后，工作室创作了十余件抗击疫情的作品，用以表达抗疫的必胜信心和美好祝愿，这些作品在展会中也呈献给了观众[139]。

2. 挖掘津门文化基因融入大众街区旅游

天津市基于场景精神塑造进行文旅融合：天津市打造一系列资源集聚区，如和平区五大道文化旅游区，在政策引领的基础上，深挖文化基因，营造热度空间场景，在清晰的文化定位和游客需求的带领下，提出"非遗+""文创+""中华老字号+"的思路，挖掘"中国元素"和"天津文化"，深度推进文旅融合。

第五节　河北：

以文化养分滋养旅游的文旅融合

一、找准文化和旅游工作的最大公约数

近年来，河北省坚持"宜融则融、能融尽融"，找准文化和旅游工作的最大公约数、最佳连接点，加快各领域、多方位、全链条深度融合，实现了资源共享、优势互补、协同并进，为文化建设和旅游发展提供了新引擎、新动力，形成发展新优势。

二、正定县文旅融合定位与理念

1. 以文促旅，以旅富民

文化是旅游发展的灵魂和基础。正定县有 1600 多年的建城史，厚重的文化为旅游业发展提供了极具魅力的资源。近年来，正定把实施旅游兴县和古城保护恢复相结合，取得了文物有效保护、城市品质大幅提升的多赢效果。旅游成了强县富民的支柱产业，这座千年古郡日益迸发出新活力。

从古城到大院，从山区到草原，从海滨到乡村，在推动旅游业发展中注重将各类文化资源与旅游资源相结合，在旅游产品中融入文化元素，用文化的养分滋养旅游，全面提升了旅游景区的品位。

2. 以旅彰文，让游客体验文化内涵

以旅彰文，可以丰富文化产品供给渠道和传播范围，扩大文化产品与服务的受众群体和覆盖面，更好地传播中国特色社会主义文化，增强文化旅游软实力和文化旅游影响力。

非物质文化遗产与旅游相结合，让优秀传统文化在旅游业的引领下得到更好弘扬。蔚县打树花、吴桥杂技、武强年画等一批非物质文化遗产资源，以文艺演出、文创产品等形式实现了文化可视化、体验

化与产业化。

同样，地域文化、民族文化、宗教文化等以节庆活动的形式，让游客在参与体验中理解旅游目的地的文化内涵。文化古迹、文化遗产的修复，与旅游业结合起来，使一些古老的文化"活起来"。

3. 以文创业，以文旅产品撬开各项产业

通过原创设计将传统文化元素与旅游商品结合，小小的文创产品也可以撬动文旅大产业。除了文创产品，河北省以创新创意为核心，促进文化、旅游与农业、工业、康养、体育、教育等相关产业深度融合发展，有序引导邮轮游艇、低空飞行、自驾车旅居车旅游，推出更多优秀的工艺美术、演艺娱乐、节庆展览等，开发动漫游戏、网络音乐、数字艺术等新型文化产品。

三、案例

1. 登得上城楼，望得见古塔，记得住乡愁

近年来，河北从古城到大院、从山区到草原、从海滨到乡村，无不把文化作为旅游的灵魂，用旅游带动文化。这种文旅的融合推进，不仅使文化资源找到了新市场，获得了新发展，而且为旅游业增添了新内涵，其中典型的代表就是正定县[140]。

正定县厚重的文化成为旅游业发展极具魅力的资源，让其走出了古城文化与旅游开发深度融合的路子[140]。正定以文促旅，以旅兴文，按照"以节造势、以节兴旅"的思路，抓住"节点"，融入历史文化，擦亮了"古城古韵、自在正定"的品牌。正定以景为媒，串联成片，开辟了"古城+新区""美丽乡村+古城+滹沱河"多条精品旅游线路，按照历史文化脉络，把分散的景区景点串成"画卷"，实现了从"门票经济"到旅游产业链全面开发的转型升级[141]。正定依托丰厚历史文化资源，以打造中国文化旅游名城为目标，以旅游供给侧改革为主线，围绕"登得上城楼，望得见古塔，记得住乡愁"，深入挖掘资源打造产品，让旅游成为强县富民的支柱产业[142]。

2. 以文促旅，以旅彰文，文旅创业

河北省基于因地制宜进行文旅融合：河北省近年来坚持"宜融则融，能融尽融"，实现了资源共享、优势互补、协同并进，以文促旅，以旅彰文，以文创业。在推动文旅融合的同时，不断加速新型文化产业发展，推进旅游业持续发展。

第四章　华东地区文旅融合实践

第一节　上海：
江南海派文化赋能旅游的"跨界融合"

一、文化深度展现促进"旅游+N"的"跨界融合"

1. "旅游+N"的"跨界融合"

上海市商务委牵头的金秋购物旅游季打造了 8 条商旅文联动专线，整合了 644 处名品、名牌、名店、名街。秋天是丰收时节，上海市农委和市交通委推出了 18 条乡村精品旅游线路，全面呈现上海郊区最美乡村。上海电影集团举办"卡路里马拉松·无忧游园会"，近 50 家长三角的文旅商知名品牌带来的精美文创和互动活动吸引广大市民游客的参与。第三届中国（上海）国际健康旅游交易会成为旅游景区、中医药行业、体育养生跨界融合的重要平台，推动健康旅游产业合作共赢、繁荣发展。浦发银行推出的幸福长三角主题借记卡，可以惠购长三角文旅年票，目前已发行了 18.4 万张。

2. 文化内涵的"深度展现"

上海的都市旅游资源离不开红色文化、海派文化和江南文化的赋能，赋予旅游"文化的灵魂"，深度展现上海的文化内涵，才能为市民游客提供更好的文旅体验。今年旅游节期间全面升级"建筑可阅读"的内容，举办第二届文创集市，将上海的"建筑可阅读"逐步向资源特色开发的文创产品发展，让市民游客能更立体、更直观地了解城市历史，品味城市文化。

二、上海文旅融合定位与理念

1. 多维融合，让文物"活"化、"建筑可阅读"

上海主要从产业融合、空间融合、服务融合、交流融合四方面推动落实文化和旅游融合发展。在产业融合方面，上海着力推进文旅资源开发开放。例如，将博物馆、美术馆、剧场等文化场馆和设施融入旅游产品和线路；深化"建筑可阅读"项目，让文物"活"起来。迄今，上海六个中心城区已有 1298 处建筑完成二维码设置，运用二维码扫读、建筑整体识别、位置服务、移动应用等技术，丰富市民游客游览体验[143]。

同时，上海不断推动文化旅游夜间消费。从 2020 年 7 月开始，上海首批有 14 家博物馆，每周五试点延长开放时间，已在夜间接待了 6 万多观众；上海市文化和旅游局日前集中发布涵盖 105 家文旅场馆的夜游推荐名单，丰富市民游客选择。此外，上海着力提升旅游的文化内涵。例如，上海推动黄浦江游览提质升级，加强水岸联动，推出"快线游"等新游线，发布覆盖全市 16 个区的 79 个"休闲好去处"，满足游客多元化需求。

2. 培育城市文化旅游新空间，提升乡村旅游品质

在空间融合方面，上海通过聚焦重点"市民休闲首选地"区域、城市文化旅游新空间的培育、乡村旅游品质的提升，丰富市民游客可去、爱去的旅游休闲空间。在服务融合方面，上海以 60 个旅游公共服务中心、220 个社区文化活动中心为主干，以文化场馆、旅游景区咨询服务点为补充，打造"城市文化旅游会客厅"，更好发挥传播文化、推介旅游、展示上海的窗口作用；建好建强社区志愿服务者、讲解员（导游员）两支队伍等，让讲解员（导游员）成为"优秀文化传播者"。在交流融合方面，上海联合长三角省市推出"畅游长三角惠民一卡通"产品，发布长三角统一的文旅企业"红黑榜"标准，持续提升长三角文化旅游吸引力、竞争力；同时，上海已与 10 余个国家和地区同步开展文化传播和旅游推广，大力展示上海城市形象。

三、案例

1. 创意游乐园项目的溢出效应延伸旅游

中国内地首座迪士尼乐园产生了溢出效应，上海迪士尼乐园辐射了整个长三角地区。"迪士尼开园三年以来，四成游客来自远端市场，到迪士尼之后的延伸旅游不仅到上海市区，选择前往苏浙旅游的游客数量占比也非常大。"上海申迪旅游度假开发有限公司总经理邱一川说。近日，可畅游长三角地区多处文旅特色景点的"长三角 PASS"旅游年卡也首次亮相，并正式对外销售。"长三角 PASS"旅游年卡的推出，是长三角三省一市旅游资源加速集聚、沟通、串联的惠民"成果"。"推出'长三角 PASS'旅游年卡这款便民惠民产品，是为了让游客得到更多实惠，提升满足感和幸福感。"上海久事（集团）有限公司下属上海都市旅游卡发展有限公司副总经理唐铭泽介绍道。年卡首批推出"沪杭宁臻享版 299 元""沪杭悠享版 199 元"等产品，总价值超过三千元，优惠幅度非常大。未来，"长三角 PASS"将联动区域内更多城市，为长三角居民"畅行、畅游长三角"提供优质服务。预计到今年年底，"长三角 PASS"还将推出包括镇江、温州、丽水、黄山等景点在内的新版本。

2. 文旅商产业、空间、服务、交流跨界融合

上海市基于旅游跨界融合进行文旅融合：整合上海市的名品、名牌、名店、名街，推进文旅商跨界融合，深度展现上海的文化内涵，从产业融合、空间融合、服务融合、交流融合四个方面推动落实文化和旅游融合发展。

第二节　浙江：
文旅 IP 工程引导的文旅融合

一、解码"文化基因"推进"诗画浙江"建设

浙江省全面推进"文化浙江""诗画浙江"建设。2020 年，浙江省文化和旅游厅实施了文化基因解码工程[144]。为了解答好"什么是文化，文化是什么"的问题，围绕优秀传统文化、革命文化、社会主义先进文化，从文化形态入手，以文物、非物质文化遗产、古典文献、艺术作品等为依据，挖掘、研究、阐释优质文化元素，抓住关键价值点，解码"文化基因"，为推进当地文化和旅游融合、弘扬优秀文化奠定坚实基础[145]。坚持"以文塑旅，以旅彰文"，围绕浙东唐诗之路、钱塘江诗路、瓯江山水诗路、大运河文化带（文化公园）、生态海岸带、10 大海岛公园、10 大名山公园、之江文化中心等，加强千万级核心景区谋划招商引资建设，储备一批，开工一批，施工一批，竣工一批。全年文化和旅游总投资预计超过 2 万亿元以上，实际完成投资将超过 1500 亿元[146]。

2019 年，浙江省取得了良渚申遗成功等一批重大成果[147]。文化产业增加值为 4600 亿元，增长 10%；预计旅游产业增加值增长 8%，旅游人次超 7 亿。同时，"四条诗路"建设全面启动[148]。

二、浙江 IP 工程引导文旅融合定位与理念

1. 以 IP 建设切入形成文旅融合 IP 大集群

浙江将以文旅融合 IP 建设为切入点和着力点，推动文化和旅游"双万亿"产业高质量发展，助推浙江省建设全国文化高地、中国最佳旅游目的地、全国文化和旅游融合发展样板地[149]。

在文旅融合 IP 建设方面，力争到 2022 年，浙江全省文旅融合产

品专利、商标、版权注册申请总量位居全国前列；全省文旅融合 IP 原创衍生产品生产销售规模位居全国前列[150]；扶持一批成长型文旅融合 IP，打造一批创新型文旅融合 IP，推出一批示范型文旅融合 IP；认定 100 个左右省级文旅融合品牌 IP，其中 10 个为省级文旅融合重点 IP，形成文旅融合 IP 大集群，使浙江省成为全国文旅融合 IP 发展的先行省、示范省、样板省[151]。

2. 建设全国文旅 IP 研究和实践高地

浙江省文化和旅游厅已经开始开展 IP 资源普查，希望在全省范围内摸清基本底数，了解当前文旅融合 IP 现状[146]。《意见》中提到，接下来各级文旅产业主管单位将从"突出重点领域，鼓励先行先试""构建评价体系，推动全面发展""强化数字化运用，实现智能化管理""发挥行会作用，促进健康发展""开展共享互鉴，加大市场宣传"等方面落实各项工作。

此外，浙江省文化和旅游厅还指导成立了全国首个文旅 IP 研究中心[152]。据了解，该中心依托浙江省文化产业创新发展研究院（浙江省重点培育智库）、浙江工商大学旅游创新与治理研究院（浙江工商大学智库）等资源，整合相关学科优势，设立文旅 IP 的国内外前沿理论与机理研究、国内外文旅 IP 建设的模式与案例研究、文旅 IP 的应用与实践研究 3 个研究方向，旨在服务文旅 IP 的理论与实践研究，解决文旅 IP 建设与发展中的现实问题，为浙江建设全国文旅 IP 研究和实践高地提供智力支撑[153]。通过 3 至 5 年时间的努力，该中心或将成为国内领先、国际具有一定影响力的文旅 IP 专业研究机构，为推进文旅 IP 领域的理论与实践研究贡献力量[154]。

三、案例

1. 在中韩国际登山体验大会上感受民国风情

"叙中韩情·结雪窦缘" 2019 第六届溪口旅游 "一带一路" 中韩国际登山体验大会在宁波溪口雪窦山隆重举行[155]。从韩国远道而来的登山爱好者、知名旅行商和重要媒体[156]，还有从中国各地招募而来的媒体主播、登山爱好者、摄影爱好者、在校大学生、自驾游团队和各大媒体等，两国各方人士共 500 多人，携手参加了这次充满体验、记忆、友爱和活力的盛会。活动运用文化演绎与雪窦山水"对话"这一形式，在登山赛道沿途，多节点布置了溪口民国风情展示、宁波非遗文化节目表演和韩国民俗演示[157]，通过"舞、茶、棋、琴、箫、食"六方面演示，让现场的登山爱好者尤其是韩国友人们，全方位感受到富有特质的溪口民国风情和浙东地域文化。

此项活动已连续成功举办了六年，是宁波地区唯一的国际旅游节庆活动，为进一步深化中韩两国旅游、文化、体育交流，不断为中韩友好交流与合作注入新的动能。

2. "海丝古港微笑宁波"旅游品牌 LOGO 建设

宁波市文化广电旅游局于 2019 年文化旅游节期间正式发布全新的宁波旅游品牌[158]，包括宁波旅游形象"海丝古港微笑宁波"、宁波旅游宣传口号"顺着运河来看海"、宁波旅游 LOGO "阿拉宁波欢迎您"和宁波旅游特色产品等[159]，发布会当日在"甬派"手机应用软件的点击量达 12.8 万。

宁波，书藏古今，港通天下，是海上丝绸之路的东方始发港和"一带一路"重要节点城市，被誉为"记载古代丝绸之路的'活化石'"，同时又是世界文化遗产中国大运河南端唯一入海口[160]。宁波市文化广电旅游局从这两大具有高度辨识度和影响力的 IP 入手[161]，提炼出"海丝古港微笑宁波"这一旅游形象。同时，"顺着运河来看海"的宣传口号恰好把"大运河"与"海丝"两个最具影响力的世界级文化遗产串联起来[162]，使旅游形象更加具体化、品牌化。

为充分展现宁波旅游主题形象，宁波市文化广电旅游局还重点开发以"四海"为特色的系列产品，包括海丝文化、海湾风情、海天佛国和海鲜美味。宁波还举办"四百"系列宣传推广活动；实施"诗画浙江、甬菜百碗"三年行动计划，打造浙江首个美食品牌 IP；整合全市百个旅游景区、百家酒店民宿和百条精品线路，"聚焦四海游，唱响四季歌"。

3. 文旅 IP 建设推动文旅产业发展

浙江省基于 IP 工程进行文旅融合：2019 年 8 月印发《浙江省文

化和旅游厅关于加快推进文旅融合 IP 工程建设的实施意见》，以文旅融合 IP 建设为切入点和着力点，推动文化和旅游"双万亿"产业高质量发展[163]，助推全省建设全国文化高地、中国最佳旅游目的地、全国文化和旅游融合发展样板地[164]。

第三节　江苏：
文化创意和科技创新引领文旅融合

一、融创意、科技为一体的时尚文化产业基地

大运河旅游带已与江南水乡古镇共同成为江苏旅游代表性品牌[165]。同时，江南丘陵休闲旅游区、里下河生态旅游区、环骆马湖休闲度假区等三大新兴区域旅游集聚区接待游客量持续增长，同比增长 15.0%、4.2% 及 25.9%，足以见得新兴旅游集聚区的受欢迎程度[166]。在文旅融合方面，2019 年网民搜索最高的旅游关键词为"文旅融合""乡村振兴""厕所革命""水韵江苏"等。

以南京为例，南京拥有丰富的博物馆、纪念馆资源，同时积极鼓励文化创意产业发展，吸引了大量游客。如南京的 1865 创意产业园，前身是洋务运动期间创建的金陵机器局，如今充分挖掘自身的历史文化底蕴，保护性开发利用老建筑，以文化创意和科技创新为主题内容将园区打造成为国内外知名的融文化、创意、科技、旅游为一体的综合性时尚创意文化产业基地，是工业旅游的成功范例。

此外，南京举办了丰富的读书日、读书节、文化讲座等活动，积极建设综合性文化中心，获得了市民好评，如秦淮灯会荣获"2019 非遗与旅游融合十大优秀案例"之首，很好地践行了"宜融则融，能融尽融，以文促旅，以旅彰文"的原则要求。

除了丰富多彩的文旅活动，南京市也通过文化旅游发展宣传，结合主要节庆活动和重点工作进行多元宣传，打造特色旅游产品，如"文

博之旅""美食之旅""生态之旅""养心之旅"等深度体验主题线路产品。推出具有南京特色的科普游、名校游等研学旅游商品，鼓励旅游企业创新研发旅游产品，塑造"研学南京，成长旅行"目的地品牌形象。

二、江苏昆山文旅融合定位与理念

1. 搭建文旅融合平台

充分利用各地的自然禀赋和人文优势，坚持政府主导、市场运作、企业参与，推出一批具有融合特色的活动载体[165]。比如，文化和旅游部与江苏共同主办的戏曲百戏（昆山）盛典，成为有史以来国内所有戏曲剧种集中交流演出、活态展现的首创之举[166]。通过支持昆山利用盛典成果筹建中国戏曲博物馆，建设昆曲小镇、"百戏之林"，打造以戏曲文化为主题的旅游线路产品，努力实现戏曲传承发展与旅游资源开发的互促共进[166]。比如，围绕贯彻落实习近平总书记关于大运河文化带建设的重要批示指示精神，筹办首届大运河文化旅游博览会，将立足大运河全域，通过设置主题演出、展览展示、主题论坛、互动联动等板块，努力把运博会打造成为大运河文化带建设的标志性项目，成为国内外有重要影响的文旅融合品牌[166]。

2. 用活文化旅游阵地

南京博物院参加央视《国家宝藏》节目，该节目开播以来，人们对文博旅游更为青睐，仅携程网上检索词为"博物馆"的国内旅游产品的数据就上升了 50%以上，相关旅游线路达上千条[167]。我们要适应游客参观、休闲、购物的新需求，进一步完善设施功能、丰富产品供给、提升服务水平，把文博场馆打造成为有温度、有故事、有品位、有体验的"文化客厅"。尊重游客的感受和体验，是当代旅游业转型发展的必然要求，要推动建设景区、度假区、乡村旅游区、精品民宿、旅游集散中心和游客服务中心等旅游场所，多注入文化元素，多增加文化体验项目，成为传播文明、体验文化、展示特色的重要窗口[168]。

3. 用文化创建项目打造旅游目的地

注重用旅游彰显文化创建的价值，把更多文化创建项目打造成旅游目的地[168]。比如，南京 1865 创意产业园抓住创建国家级文化产业示范基地的契机，依靠文化创意和科技创新，对历史文化实施保护性开发利用，成为工业旅游的成功范例。注重用文化提升旅游创建的内涵，把更多的旅游创建项目打造成文旅融合精品。现在，"上车睡觉，下车拍照"的浅层次旅游已不能满足人们对旅游的需求。我们要在全域旅游、旅游风情小镇、乡村旅游、A 级旅游景区、旅游度假区等的创建中，增加文化的底色和特色，让人们在旅游中有更多的文化获得感[169]。

三、案例

1. 资源深度融合，打造美丽乡村品牌

对传统旅游产业而言，依靠旅游观光、住宿、饮食来带动消费，对经济增长有一定的拉动作用。但是，以自然景观为基础，通过创意设计提升产品的文化意蕴与趣味，增强消费者的消费体验，从而创造出更高的利润，延伸产业链条，将是景区发展的趋势。

"道养文化""状元文化""淮剧小镇""爱情小镇"……各地依托本土资源，不断延伸产业链条，加入品牌文化创意，以 IP 赋能乡村旅游。

2. 芦苇荡里感受自然风光，淮剧小镇听小曲

"戏曲是中华民族伟大的精神财富，将戏曲元素和旅游相结合，能实现社会效益和经济效益的双赢。"谢超云说。建湖是淮剧的主要发源地，当地正着力打造淮剧艺术小镇。按照构想，未来的淮剧小镇不只是小众淮剧爱好者独有的资源，淮剧文化符号将融进城市里。"到芦苇荡里感受一次自然风光，去淮剧小镇听一首古典戏曲，在温泉度假酒店泡一次温泉，未来的九龙口度假区留给游客的，将是集文化、旅游、看戏为一体的一站式深度旅游体验。"

"看薰衣草去法国普罗旺斯太远，就来江宁谷里大塘金。"谷里大塘金流传着这样的说法。2014 年 5 月，大塘金种植的 400 亩薰衣草首次绽放，天然地形造就了"薰衣草梯田"的独特景观，得天独厚的薰衣草资源也给大塘金香草谷的发展提供了灵感。

按照规划，香草谷未来将结合自然、生态，综合开发多重服务功

能，打造以"爱"为主题，以婚尚文化、休闲度假、健康养生产业为支撑的综合性景区。

大塘金农业旅游开发有限公司营销经理曹世敏说："薰衣草的花语是等待爱情。我们发展旅游不是发展几个景点，而是希望向游客们传递一种文化理念，每个人都有追寻爱情的自由和空间，每个人都能在爱情小镇里邂逅爱情。"

3. 建设综合性文化中心

江苏省进行活化型文旅融合：江苏省充分发挥当地的丰富文化资源，积极建设综合性文化中心，搭建文旅融合平台，用活文化旅游阵地，深化文化旅游创建，实现文旅资源深度融合。

第四节　安徽：
以优质文旅项目为抓手推进文旅融合

一、着力打造"金、红、蓝、绿"四色旅游板块

凤阳县在强力宣传"凤阳是个好地方"之时，以全域旅游示范区创建和小岗村 5A 级旅游景区创建为抓手，着力打造"金、红、蓝、绿"四色旅游板块，做好金色旅游板块"游中都"、红色旅游板块"学小岗"、蓝色旅游板块"走淮河"、绿色旅游板块"览凤阳"主题旅游产品[170]。金色旅游板块，即以县城为中心的中部明文化人文旅游圈[171]，包含明中都城国家考古遗址公园、明皇陵景区、鼓楼景区、龙兴寺景区、凤阳县博物馆、钟楼文化中心、洪武公园、云霁街特色旅游街区[172]；红色旅游板块，即以小岗村为核心的东部红色与乡村旅游区[173]，包含小岗村、金小岗、燃灯寺、朱元璋出生地等；蓝色旅游板块，即以临淮关古镇为龙头的北部沿淮旅游观光带，包含临淮关古镇、钟离城、月明湖、花园湖、淮河、门台老烟厂、花园湖进洪闸湿地公园等；绿色旅游板块，即以凤阳山旅游区为核心的南部生态休闲度假

旅游区，包含凤阳山地质公园博物馆、狼巷迷谷景区、韭山洞景区、卧牛湖、吴窑古村落等[171]。

二、安徽凤阳县文旅融合定位与理念

1. 发展全域旅游，打造世界级旅游目的地

2020 年以来，安徽省凤阳县文旅局坚持新发展理念，紧抓长三角一体化发展战略机遇，以"以文促旅，以旅彰文"发展全域旅游，以"打造世界级旅游目的地"为目标，积极推动文旅产业高质量融合发展。

2. 顶层设计，规划先行

凤阳县坚持把规划编制、顶层设计作为促进文化旅游事业发展、全域旅游示范区创建的基础性、关键性工作来抓，不断完善促进文化旅游高质量融合发展的政策体系。凤阳县政府先后出台《关于印发凤阳县旅游产业发展专项资金奖扶办法的通知》《关于促进全域旅游发展加快文化旅游名县建设的实施意见》，将文化旅游业发展作为重要内容纳入经济社会发展规划和国土空间、基础设施建设、生态环境保护、林业发展等相关规划中。

3. 超前谋划，提升项目品质

凤阳县超前谋划，建立文化旅游产业类三年滚动项目库，狠抓文旅项目建设，全力推动凤阳县"金、红、蓝、绿"四色旅游板块建成。在"金色游中都"旅游板块，强力推进明中都城国家考古遗址公园建设项目，钟楼文化广场、中都城游客中心建成使用，推进明中都文化旅游中心、非遗中心建设，集文化遗址与旅游观光于一体，打造中国最美中轴线，充分展示大明中都魅力；在"红色学小岗"旅游板块，加快推进小岗村 5A 级景区创建，积极打造小岗改革小镇和田园综合体，朱元璋出生地建设项目也在谋划推进中；在"蓝色走淮河"旅游板块，黄湾淮滨小镇基本建成，推进临淮关千年古镇规划设计，打造"和我一起看淮河"风情观光带；在"绿色览凤阳"旅游板块，狼巷迷谷、韭山洞景区游客中心等基础设施建设和环境提升改造全面完成，S312、"十里画廊"旅游道路建成通车。现已完成韭山洞 4A 级景区创

建，加快建设江淮分水岭国家风景道凤阳段，整体打造南部生态休闲度假区。

4. 旅游搭台、文化唱戏

以"旅游搭台，文化唱戏"为抓手，大力开发凤画、凤阳花鼓等非物质文化遗产旅游文创产品，做好凤阳花鼓、凤阳凤画、凤阳民歌等非遗产品的传承，"五一""十一"等节假日期间在狼巷迷谷、明皇陵等旅游景区连续举办"非遗进景区"活动，现场表演凤阳花鼓、展示凤画绘画，打造凤阳非遗大县名片。

5. 举办活动，培育品牌

针对资源特色，举办凤阳山旅游区年货采购节、2020"小岗红"樱桃采摘游、"林果大镇"采摘节、小岗农歌会、小岗葡萄文化旅游节暨 7D 北极光灯光秀、"国庆遇中秋，两节八天乐"凤阳优秀文艺节目展演周等节庆活动，不断提升凤阳文化旅游的品牌力和影响力。

三、案例

1. 以"两山论"为引领，深挖农耕文化

千年古村借力文旅融合"振翅高飞"。近年来，巢湖市烔炀镇凤凰村以绿色生态为主题、以湖水田园为依托，深挖农耕文化，围绕"春花、夏果、秋稻、冬茶"，打造都市桃花源、田园慢生活体验地。如今的凤凰村，更是天蓝水碧、绿草如茵、环境整洁、乡风文明，人居环境整治成效已走在全省前列[174]。"我们现在着力培育'烔炀凤凰''凤凰食匠'区域品牌，全域旅游产品统一冠名，走出了一条'旅游+电商+农业'深度融合道路[175]。"凤凰村产业园 2019 年获安徽省农业农村厅促进产业融合发展案例表彰。近年来，凤凰村着力延伸产业链条，结合各类林木、果木、花卉，着力培养旅游产品服务人才，推出赏鸟、赏花、采摘、写真摄影等特色农旅产品[175]。同时，该村还鼓励休闲农业主体遵循绿色自然的原则发展种养殖，农副产品备受都市消费者欢迎。除了现场采摘，还提供网上下单、快递到家和走进商超展销的服务[174]，真正让绿色天然无公害的农产品更快更好地走上消费者的餐桌[176]。

2. 利用非物质文化遗产创新

安徽省进行保护型文旅融合：安徽省在保护好原有遗址公园、景区的基础上，打造一系列生态休闲度假旅游区，紧抓长三角一体化发展战略机遇，充分利用非物质文化遗产进行进一步创新。

第五节　江西：

各领域、多方位、全链条的文旅融合

一、创新夜间旅游产品，消费市场升级

杜鹃红、青花蓝、香樟绿、马蹄金，"四色"交相辉映；庐山天下悠、三清天下秀、龙虎天下绝，文旅资源丰厚——这便是江西。为加快建设文化和旅游强省，江西省近年来从打造优质旅游发展环境、拓展文旅提升空间等方面入手，加快文化和旅游在各领域、多方位、全链条的深度融合，通过夜间旅游产品创新、旅游消费市场升级、深化体制机制改革等方式，实现全省文旅业加速跑，为经济高质量发展提供新引擎、新动力。据江西省文旅厅官方规划，围绕资源大整合、产品大提升、市场大开拓、环境大优化4大行动布置20项重点专项任务，推进文旅融合，推进全域旅游，争取用3年时间实现旅游产业主要指标稳居全国第一方阵。

二、江西省文旅融合定位与理念

1. "诗和远方"珠联璧合

2018年11月5日，江西省文化和旅游厅召开干部大会与机构改革动员大会，正式拉开文旅融合发展的大幕[177]。面对机构改革的繁重任务，省市县三级行动迅速，目前均已组建新机构，各项改革任务稳步推进[178]。

文旅融合发展，江西有"富矿"。光辉灿烂的历史铸就了辉煌的赣

鄱文明，大自然的馈赠造就了壮丽的江西风光，也为江西文旅融合发展提供了丰厚资源[177]。江西省在深化文旅融合创新实践中，大力促成文化与旅游的激情碰撞和深度融合，带来了文化旅游产业的万千新气象[178]。

2. 文旅强省大战略，业态融合、产品融合

大战略布局，奏响旅游强省建设最强音[177]。2018 年 6 月，江西省委、省政府出台《关于全面推进全域旅游发展的意见》，提出要以优质旅游、全域旅游为引领，以旅游供给侧结构性改革为主线，全面提升旅游业整体水平和发展质量，把江西省建设成为全国重要、国际知名旅游目的地[178]。全省旅游产业发展大会提出，要着力推进文化和旅游深度融合，努力实现旅游产业高质量跨越式发展[180]。

大融合发展，"诗和远方"珠联璧合。随着文化和旅游机构改革的完成，江西省文旅系统聚焦发展大局，着力推进理念融合，从思想深处打牢文化和旅游融合发展的基础，推动文化和旅游深融合、真融合[179]；着力推进职能融合，扎实完成机构改革各项任务；着力推进产业融合，积极寻找文化和旅游产业链条各个环节的对接点，促进业态融合、产品融合[180]。

3. 树立"江西风景独好"大品牌

大品牌创建，让"江西风景独好"更闪亮。2018 年，南昌滕王阁成功创建国家 5A 级旅游景区，江西省 5A 级景区数量达 11 个，位列全国第七。江西省正在对旅游产品进行全域提升，不断擦亮"江西风景独好"名片，不断丰富江西文化旅游的内涵[177]。

4. 大创新激活文旅融合

创新引领，激发旅游发展新活力。3 月 28 日，武功山经营管理体制改革《委托经营协议》集中签约仪式举行，标志着江西深化改革在文化旅游领域取得重大突破[177]。江西省借鉴武功山经营管理体制改革经验，推进庐山西海和庐山两个景区的管理体制改革，对跨行政区域的旅游景区加大资源整合力度[180]。

5. 大民生文旅扶贫

大民生注脚，脱贫攻坚主战场上当先锋。旅游产业不仅是朝阳产

业、绿色产业，更是惠民产业。近年来，江西省大力实施旅游扶贫工程，带动全省数以百万计的人吃上旅游饭[181]。2017 年，全省通过旅游扶贫推动 599 个建档立卡贫困村经济社会发展，辐射带动 3.94 万户贫困户脱贫致富[181]。

三、案例

1. 古窑让非遗"活"起来

千年窑火，生生不息，承载着中华文化与中华民族哲学智慧的江西景德镇手工制瓷工艺享誉全球。文旅相融，古窑新生。为传承展现国宝非遗，景德镇古窑恢复传统制瓷作坊与红店，并复建复烧瓷窑，使景德镇古窑景区重新焕发生机与活力，成为代表千年瓷都的一张瑰丽名片。

2. 非遗让中国最美乡村更有"味道"

江西婺源，悠久的徽商历史在这片热土上遗存了丰富灿烂的非物质文化遗产。这里有徽剧、绿茶制作技艺等 5 项国家级非物质文化遗产，有甲路纸伞制作技艺等 12 项省级非物质文化遗产。婺源将非遗与旅游景区、研学游等融合，走出了一条独具特色的非遗旅游融合发展之路。

3. 创新激活文旅融合，助力脱贫致富

江西省基于保护创新进行文旅融合：江西省为加快建设文化和旅游强省，在原有丰富旅游资源的基础上，加强大品牌旅游资源创建，创新激活文旅融合，通过文旅创新融合助力进行脱贫致富。

第五章　华南地区文旅融合实践

第一节　广东：
文城相融、文经相促的文旅融合

一、遇见岭南最美民宿，诗书升华旅途

在佛山市顺德区杏坛逢简水乡旅游景区漫步，既能遇见岭南最美民宿，也能用诗书升华旅途表达游者的心境[182]。在三层楼的民国老宅梁公馆里，有一家名为"民国书舍"的粤书吧，以民国时期文学作品为特色，举办"民国故事"品牌读书沙龙，为游客和居民带来独具民国风情的阅读体验[182]。2021 年 1 月全市已有 6 家各具特色的"粤书吧"试点建成并对外开放，开展文化活动 42 场，接待读者 8.63 万人次，打造了"亲子悦读""国学经典""民国故事"三大品牌活动[182]。

"十三五"时期，特别是佛山市文化广电旅游体育局组建以来，佛山市推动文化体制改革和机制创新走实走深，探索文旅融合发展新路径[182]。除"粤书吧"外，佛山市还先后通过"两中心融合"（旅游咨询中心和综合性文化服务中心）试点建设、"旅图·晓读夜宿"文旅融合品牌建设、全市文旅体市场执法"同城一支队伍"等改革举措[182]，不断打开文化与旅游融合发展的新局面[183]。

二、佛山文旅融合定位与理念

1. 建设更具品质的文化导向型城市

改革推动发展，创新补齐短板。自 2016 年 1 月以来，佛山市以改

革创新为动力，以建设更具品质的文化导向型城市为目标，以"文城相融、文经相促、因文善治、因文立名"为路径，加快推进文化与城市、文化与经济融合发展[182]。自 2017 年 4 月"文化佛山"三年行动计划开展以来，全市累计完成投资 478.7 亿元，完成三年计划投资的104.3%[183]。

2. 提升文旅服务体系

"十三五"时期，佛山市以保障群众文化权益为出发点，镇、区、市三级持续推进公共文化设施"四馆一院""五馆一院""六馆三院"配套格局建设，不断织密公共文体设施网络[182]。禅城区文化馆、南海智慧图书馆、北滘和园、高明凌云山旅游度假区、三水北江文化活动中心等地已经建成一批文广旅体公共设施项目，为群众提供了家门口、零距离的公共文体活动阵地。目前，全市万人拥有公共文化设施室内面积 1768.89 平方米，人均体育场地面积 2.81 平方米[182]。

3. 推动遗产焕彩弥新

作为陶艺之乡、武术之乡、粤剧之乡、龙舟龙狮文化名城，佛山拥有丰富的非物质文化遗产资源[182]。"十三五"时期，佛山市通过开展非遗代表性项目和传承人评选、设立非遗保护专项资金、成立非遗传承基地和传习所、建立非遗专家库、改造升级非遗项目展示馆、举办非遗保护工作培训班、为省级以上非遗传承人建档等工作，推动非遗保护利用上新台阶[184]。目前，全市共有国家级非遗项目 14 项、省级非遗项目 50 项、市级非遗项目 131 项，国家级传承人 15 人、省级传承人 58 人、市级传承人 226 人[182]。

三、案例

1. 体验佛山非遗技艺，感受佛山传统文化

佛山市先后举办、承接了"佛山韵律　秋醉岭南"广东（佛山）非遗周暨佛山秋色巡游、"5·18 国际博物馆日"广东主会场、文化和自然遗产日暨"广东非遗购物节"佛山分会场活动等活动，为做好文化遗产的保护利用工作宣传发动、营造市民全员参与的氛围[182]。尤其是在南海区大沥镇开幕的"物以载道——中国非遗数字展"，以"科

技+非遗"打造沉浸式实景展厅，再现中华优秀传统文化的独特魅力[184]。佛山建设了文化游径，其中，佛山功夫历史文化游径、佛山桑园围历史文化游径、佛山粤中抗战历史文化游径被列入广东省历史文化游径，南风古灶游径、佛山老城武术文化游径也被纳入首批粤港澳大湾区文化遗产游径。还举办了"让佛山传统文化链接世界——佛山非遗文化体验交流活动"[184]，邀请德国、西班牙、日本等5个国家领事馆官员及家属到佛山，现场体验佛山非遗技艺[184]，感受佛山传统文化，在广州总领事界产生轰动效应[182]。

2. 在"双区驱动效应"和新发展理念的推动下进行"展翅"行动

2020年12月18日，"展翅——佛山市初创文创企业扶持行动"启动。这是该活动连续第4年举办，旨在助力初创型文创企业做大做强。经过3年的努力，"展翅行动"已经成为集投融资、沟通交流、宣传展示等功能于一体的平台，为文化产业高质量发展注入源源不断的动力[182]。

佛山市文化和旅游产业最显著的特征就是融合发展、集聚发展[182]。近年来，在深圳先行示范区和粤港澳大湾区"双区驱动效应"和新发展理念的推动下，佛山市文化和旅游产业的示范性、带动性、竞争力明显增强，形成了以石湾中国陶谷为中心的陶瓷创意产业集聚区，以平州玉器街为中心的玉器产业集聚区，以张槎新媒体产业园为中心的数字文化产业集聚区等九大文旅产业集聚区[182]。目前，佛山市共培育了15个特色小镇、23个市级文化产业示范基地、6个省级文化产业示范园区和4个国家级文化产业示范基地。同时，"粤港澳大湾区电竞文创产业中心"、顺德华侨城欢乐海岸PLUS项目、三龙湾澳门城文化创意产业园、佛山岭南文旅小镇、宋城·佛山千古情景区等重点文旅项目陆续建成[182]。

3. 龙头项目引领，活化非遗显特色

广东按照"以旅彰文、以文塑旅"的工作思路，探索非遗与旅游融合发展，充分践行非遗资源活化，取得不少可喜成果[182]。截至2020年6月，全省共有省级代表性项目701项，国家级非物质文化遗产代表性项目名录147项，联合国教科文组织公布的人类《非物质文化遗产名录》项目 4 项（粤剧、古琴艺术、中国剪纸、中国皮影戏）；省级非物质文化遗产代表性传承人 837 人，国家级非物质文化遗产代表性传承人 132 人；省级文化生态保护实验区 9 个，国家级文化生态保护实验区 1 个；省级非遗生产性保护示范基地 45 个，国家级 4 个；省级非遗传承基地 143 个，研究基地 24 个[184]。广东省文旅融合有华侨城、长隆等大项目，但小项目不多；广东借助岭南特有文化元素，开展一系列如民宿、书吧和文化展演等特色项目，在文化改革创新的同时，不断提升文旅服务体系，以此推动文化遗产幻彩弥新。

第二节　广西：
民族、边关、长寿等文化资源化的文旅融合

一、桂林靖江王府还原历史、文商并重、福泽居民

靖江王府是全国重点文物保护单位，位于桂林市中心地带（现又称桂林王城），墙高门深、气势森然，建于明洪武五年（1372 年），并于洪武二十六年（1393 年）筑城墙[185]。靖江王府至今已有 630 多年的历史，比北京故宫建成的时间还早。是我国现今历史最长且保存最完好的明代藩王府[186]。

二、靖江王府文旅融合定位与理念

1. 让福寿文化活化

福寿文化已经有千年历史，祈福一直以来是我国传统的盛典之一。它承载着人们的美好向往，古人道："福者有五，一曰寿，二曰富，三曰康宁，四口修好德，五曰寿终命。"它个仅渗入进我们的生活，不同民族在每一个重要节日中都有贴福、送福、接福等很多与福寿相关的习俗。桂林靖江王府内的独秀峰上，镌刻着不同年代关于福寿主题的摩崖石刻，许多老百姓慕名前来祈福，所以独秀峰自古以来便有"福

寿山"的美誉。其中，尤以刘伯温"风水福"、吕洞宾"长寿福"、明靖江王朱佐敬"万全福"、乾隆皇帝"天子福"、清代书法家郭司经"醉有福"深得当地百姓推崇。充分挖掘靖江王府的文化，让古城活化。

2. 结合科技，阅尽王城知桂林

靖江王府博物馆将图文展示、实物陈列、雕塑绘画、场景复原和现代多媒体技术等多种表现方式结合，把游客的感知度摆在第一位，增加陈列的感染力和趣味性，将平淡的叙述和知识传递变成立体有趣的艺术呈现，在空间与时间的交错中感知"桂林山水甲天下，阅尽王城知桂林"的真谛所在。

3. 体验"制拓之苦"，感受"得拓之乐"

非物质文化遗产体验馆——"王府拓坊"，再现庄简王朱佐敬时期的制拓环境，让游客置身于"制拓之难"的现场氛围，通过制拓过程，体验"制拓之苦"，认识王府秘拓绝无仅有的文化价值和自制拓印的收藏意义，感受"得拓之乐"，弘扬和传播中华传统文化的精髓[186]。

三、案例

1. 本命年太岁护身符

太岁出自道家学说，是每个人生命中的守护神。根据天干地支排序，六十年一轮回，每年一个太岁，共有六十个。传说第三代靖江王庄简王把他的太岁头像做成玉佩，随身携带。他一生少病少灾，是在位最长的王爷，同时也是最长寿的王爷。

2. 保护传承，让历史文化散发出新的光彩

广西地方民族民俗文化参与性文旅融合遍地开花，三江侗族歌舞表演等让游客也参与到文旅融合中。保护传承型文旅融合典型代表是靖江王府。它是全国重点文物保护单位，是我国现今历史最长且保存最好的明代藩王府，借助文旅融合推陈出新，结合科技多维度展示，利用游客参与活化文化，让历史文化散发出新的光彩。

第三节　海南：
创新全要素资源的文旅融合

一、多种形态的文化各具特色

海南文化资源丰富且独特，历史文化、海洋文化、岛屿文化、民族民俗文化、红色文化、侨乡文化，以及生态文化、健康养身文化、现代时尚文化等多种形态的文化各具特色[187]。"十三五"以来，海南省委、省政府一直坚持的文化产业发展战略，在海南建设自由贸易试验区，在逐步探索、稳步推进中国特色自由贸易港的大环境之下，推动文化与旅游融合发展[188]，使海南文创产品也呈现了强势的发展劲头和不容小觑的发展潜力。

2020 年 11 月 14—20 日，由海南省旅游和文化广电体育厅、琼海市人民政府主办，博鳌文创院、清华大学文化创意发展研究院、SMART 度假产业智慧平台联合主办的国内最大规模文旅融合文创跨界国际化论坛——2020 博鳌文创周在博鳌亚洲论坛国际会议中心成功。论坛开启"共振重启"聚首 500 余位跨领域专家学者、精英领袖、200 余个垂直领域顶尖品牌、50 余个大文化创意行业、30 余个垂直行业分论坛。中国地图系列榜单重磅发布，整合全行业多元业态"集市行乐"的海街文创节，共议后疫情时代的挑战与机遇，以多元共创主体重启行业共振，链接文旅、文创、乡创、设计等行业前沿内容，以软实力带动目的地创建与实践。

二、海南文旅融合定位与理念

1. 外与国际接轨，内注文化生态保护

海南省作为自由贸易试验区和中国特色自由贸易港，围绕国际旅游消费中心建设。除了与国际接轨之外，还需要把文旅融合发展与调整产业结构、转变发展方式结合起来，与脱贫攻坚、乡村振兴结合起来，与生态保护、绿色发展结合起来，做好文旅融合高质量发展这篇大文章[188]。海南走出了一条以乡村旅游为抓手，促使景点旅游模式向全域旅游模式更迭，以乡村旅游助推全域旅游，把乡村旅游与农民增收、乡村振兴相结合的独特路径[188]。

2. 发力"文化+"，亮丽国际旅游岛

文化是旅游的灵魂，旅游是文化的载体。海南作为旅游大省，面对市场发展的新形势，更要多措并举推动旅游和文化广电体育等多领域的融合发展[190]。"省旅游和文化广电体育厅未来将着力文化和旅游产业转型升级，培育文化和旅游消费新业态新热点；不断推动文化开放，打造海上丝绸之路的文化交流平台[190]。"海南省旅游和文化广电体育厅还将引进国际优质资本和智力资源，系统提升旅游设施和旅游要素的国际化、标准化、信息化水平；要通过发力"文化+"，拓展旅游消费发展空间，提升旅游消费服务质量，促进旅游消费国际化，为海南自贸区、自贸港建设提供坚实的文化支撑[189]，为中外游客和海南人民提供更多优质服务，使海南国际旅游岛这张名片更亮丽更出彩[190]。

3. 橡胶军垦、知青、归侨等文化与产业结合

海南橡胶拥有厚重的军垦文化、知青文化、归侨文化等历史文化资源，拥有温泉、冷泉、百年胶园等人文自然旅游资源[187]。海南除沙滩运动、水上运动、赛马运动发展规划等旅游、文体规划编制工作外，还在积极推动招商项目落地，其中包括国家南海文博产业园项目、国家体育训练南方基地建设等[188]。

三、案例

1. 依托自然资源，借用科技与节庆演绎文化

海口火山群世界地质公园也依托火山资源，深挖千年火山石文化，打造地址科普馆，创建火山农耕文化节等，让景区更加精细化，成为青少年宜学宜游的好去处；呀诺达景区将热带雨林文化与本土文化有机融合，让游客在体验海南生态美景、雨林奇观的同时，感受海南热

情、友善和独特人文魅力[187]；槟榔谷原生态黎苗文化旅游区始终致力于海南黎苗族文化遗产的发掘保护与民族文化的弘扬[191]，《槟榔·古韵》大型实景演出展示了海南少数民族生活方式，景区内还展示了 10项国家级非物质文化遗产，是海南民族文化的"活化石"，槟榔谷已成为备受国内外游客喜爱的民族民俗景区[188]。

2. 用充满创意的方式向世界讲述着海南故事

海南也通过举办会展增强文化旅游品牌影响力，如创新举办海南国际旅游岛欢乐节，打造"三月三"竹竿舞大赛、海南国际旅游岛青年狂欢节等特色民俗文化节庆、会展[188]。2018 年 12 月，成功举办了首届海南岛国际电影节。电影节为期 7 天，共举办了电影节开闭幕式暨年度华语电影荣誉推选活动、国际影展、六大主题国际电影论坛、两大创新推介会及电影博物馆、明星扶贫公益活动等 8 个主体板块活动，吸引了来自全球 36 个国家和地区数千名嘉宾及数万活动参与者，电影节相关信息产出超 750 万条，全媒体平台传播覆盖率达到 50 亿人次[191]。

"旅游+文化"的无缝衔接不但丰富了海南旅游新业态，也大大提升了海南文化旅游魅力[188]。心向诗和远方，海南旅游在追求国际化的同时，也在不断彰显文化自信，以各种充满创意的方式向世界讲述着海南故事[191]。

3. 多彩文化拉动国际旅游消费

海南省充分利用本省特色历史文化、海洋文化、岛屿文化、民族民俗等文化，以国际化为目标发展"大旅游"，为国内游客提供更多的国际化产品与服务[192]；以全面实施旅游产业项目下的自由贸易政策推进"大开放"，形成国际旅游消费中心[191]。

第四节　港澳地区：

休闲购物与娱乐齐飞的文旅融合

一、横贯中西、博采百家的文化和艺术

一千个人眼中有一千零一个香港。香港文化魅力，体现在历史与现代交融的建筑上。世界上很少有地方像香港一样，在一个如此紧凑的空间，大大小小逾四千多条街道上，呈现如此多元的建筑物；街道上，不少商铺招牌竟是出自名家手笔——在荷里活道可以看到于右任写的"泉章居"、齐白石写的"同仁堂"。

二、香港的文旅融合定位与理念

1. 充当着区域文化提升者的角色

将不同元素融合提升，比如在电影设计上，香港就可以作为全国乃至世界的互动桥梁。来自世界各地的人才在这里碰撞火花、迸发灵感、锐意创作，达至文心相通，创造出超越语言、超越国界、超越种族文化而直击心灵的文化作品。所以，香港制作，尤其在影视、动漫、流行歌曲、设计等领域，风靡亚洲乃至全球[193、194]。

2. 文化的培育融入生活、走近市民

香港赛马会2008年牵头将 "石硖尾工业大厦" 改造为 "赛马会创意艺术中心"，现在已经成为众多艺术家和艺术团体的创作基地，更举办各种特色的主题展览、文艺演出、创意市集等。香港还有很多与北京798艺术区类似的文创基地，培育了大量的创意人才，同时也为市民创造了近距离接触艺术文化的环境，有力推动了香港社会的文化创意产业发展。

三、澳门的文旅融合定位与理念

1. 中葡结合文物城

澳门是 16 世纪海上丝绸之路的重要据点，是远东最早开放的地区，是远东最早的传教中心，是东西文化双向交流最早的基地[195]。澳门既是商业古城，又是文化古城，文化具有"以中为主，中葡结合"的特点。澳门设有专门保护文物的机构。1986 年，联合国将澳门列入文物城[196]。今天澳门的文化机构、团体和文化设施，除了一些专业性的表演团体外，其他方面可以说是应有尽有，只是规模较小而已。

2. 世界旅游休闲中心

2019 年 4 月 26 日，第七届澳门国际旅游（产业）博览会在澳门开幕。这届博览会重点推动共建"一带一路"倡议和粤港澳大湾区旅游等多个领域的合作[197]，来自 53 个国家及地区的 452 家企业和单位参展。这届旅博会恰逢澳门回归祖国 20 周年，推出"共庆回归二十载缤纷多彩澳门游"特展，全方位、多角度地展示澳门在"一国两制"成功实践下[197]，持续丰富旅游资源和产品，全力建设世界旅游休闲中心[198、199]。

四、案例

1. 香港西九文化区的创意中心

香港在文化创新举措上体现其文化魅力。香港特区政府采取扶持资助项目、活化旧建筑老街区等方法促进文创产业发展。比如，在西九文化区中环的元创方，已婚警察宿舍和皇仁书院（其前身是香港中央书院），已经打造成为全港标志性的创意中心，开设了各种不同类型的时装饰物、家居用品、珠宝手表等设计师工作室和商铺。

2. 同心共建大湾区

2017 年 12 月，粤港澳大湾区旅游业界合作峰会在香港会议展览中心举行[200]。约 300 位原国家旅游局、粤港澳大湾区政府机构和旅游部门代表，以及旅游业界人士齐聚香江，共同探讨粤港澳大湾区的发展潜力、旅游资源和机遇[201]，与会旅游协会代表共同签署了《粤港澳大湾区旅游业界合作协议书》[202]。2017 年，粤港澳大湾区论坛在香港召开，这是首个以粤港澳大湾区发展为主题的高峰论坛。来自海内外政商学界的 400 多位来宾齐聚香港，共同探讨如何共建粤港澳大湾区，打造世界级科技湾区。2019 年 2 月 26 日，由香港明汇智库、广东省社会科学院、粤港澳大湾区研究院主办的粤港澳大湾区智库高端论坛在香港举行[201]。来自粤港澳智库及社会各界 300 余人出席了论坛，围绕"同心共建大湾区"的主题，共同探讨如何解读和落实《粤港澳大湾区规划纲要》的问题。

五、大湾区文旅融合定位

1. 以研学旅行为文旅融合新风口

大湾区已经涌现一批研学基地，研学旅行市场正在兴起。现已有 300 多个各级研学旅行基地，数百家企业展开与此相关的业务。一方面，基于粤港澳三地交流已有青少年研学交流、主题演讲、企业家沙龙、创意设计、文创研修班、产学交流等形式，粤港澳三地政府、企业及社会多元参与。另一方面，注重实效，强化产学对接，通过与高校的合作，进一步链接企业端、市场端资源，强化人才培养、供需对接、产品孵化，依托学堂培训平台资源，并在产业园区、重点文化企业和高校等地分别设点建设实践基地、文创孵化基地。

2. 文创园及行业协会蓬勃兴起

大湾区文创园如雨后春笋般爆发，仅广州市就有各类文创园区近百家，以羊城创意产业园、深圳万科云设计公社为代表，逐步构建文创产业集聚区和文创产业带。另外，由羊城晚报报业集团创始和发起成立的广东省粤港澳大湾区文化创意产业促进会，为文创产业发展提供长足的动力。

3. 夜游成为文旅融合的新增长点

夜间旅游是一种新的文旅产业发展模式，既让传统旅游资源焕发新活力，也创造出新的旅游吸引点和文化旅游产品；既可以提升城市、景区旅游资源和非传统旅游资源的利用效率及使用价值，也能够提升游客的时间利用率和旅游体验度[203]。精彩纷呈的夜间旅游能为城市带来经济、社会、人文等多重价值，从而为游客提供一种焕然一新的体验，进而延长游客停留时间，拉动夜间旅游消费[203]。

4. 影视与音乐艺术产业发展迅速

（1）影视产业成为新热点。例如，佛山出台《佛山市南方影视中心影视产业发展规划（2018—2025 年)》，提出要对接港澳，打造华南最大规模的影视中心，推动"粤港澳大湾区影视产业合作示范区"发展。惠州在罗浮山建设影视基地的基础上，加快推进"粤港澳大湾区影视产业中心"的建设。（2）形成多层次的音乐节。例如，举办了首届粤港澳大湾区音乐节，港澳大湾区（广州南沙）音乐节、珠海北山音乐节等，各地各层次的音乐演出场次逐渐增加，丰富了各个年龄段、文化层次的观众的需求，培养了一批有欣赏能力的观众。而以酷狗音乐、荔枝 FM 等为代表的互联网数字音乐平台呈现超高速成长的趋势，这也意味着未来音乐消费市场会有巨大的空间。

5. 粤港澳文化共同市场正在迅速成型

大湾区具有最为广阔的市场，正形成较为完整的供应链。一方面，以香港、深圳、广州、澳门作为大湾区的发展"极点"，构成了大湾区文化和旅游发展的"四梁八柱"，明确了香港—深圳、广州—佛山、澳门—珠海强强联合的引领带动作用的基点；另一方面，珠海、东莞、惠州等大湾区重要节点城市发展共同文化市场，与"极点"城市形成产业链上下游发展的新态势。粤港澳大湾区 11 座城市，每年大型演唱会、电影、出版、音乐等行业的市场规模已达千亿元级。大湾区文化产业有较好的基础。数据显示，2018 年，珠三角（不含港澳）文化产业规模约为 3500 亿元，加上香港、澳门的文化产业约千亿元增加值，粤港澳大湾区的文化产业增加值约为 4500 千亿元，约占全国的 1/6。根据 2018 中国城市创意指数（CCCI）显示，香港、深圳、广州分居第二、第三、第六位。

6. 粤港澳文旅融合特色

港澳地区基于合作发展进行文旅融合：充分发挥港澳地区经济优势，同心共建大湾区，以研学旅行为文旅融合新风口，不断推进文创园及行业协会蓬勃兴起，大力发展影视与音乐艺术产业，加速粤港澳文化共同市场的成型。

第六章　西北地区文旅融合实践

第一节　陕西：
文化遗产活化的文旅融合

一、全国领先的博物馆旅游和演艺

西安近些年在文化和旅游融合方面取得了一系列成绩。西安的大唐不夜城、城墙、永兴坊文化旅游景区在全国具有非常高的知名度和影响力，在互联网上也一直热度不减；博物馆旅游在全国处于领先地位；旅游演艺方面，陕旅集团的《长恨歌》《1212》和华夏文旅的《梦驼铃》在全国都有很好的口碑。

二、陕西文旅融合定位与理念

1. 科技与文化旅游结合，"整优提弱"

在实景演出、剧场演出两大模式的基础之上，强调"整合优势资源"和"提升薄弱资源"，实现科技与文化、科技与旅游的融合。

2. 发展文旅小镇

以袁家村为代表的民俗文化与旅游融合项目，通过将民俗小吃、技艺等与休闲生活方式、现代文化创意相结合，形成年游客量过百万、收入过亿的文旅小镇[204]。将文化融入旅游发展之中，根据小镇的资源及产业特色或发展规划确定主导产业，将其与文旅产业融合，扩大小镇的影响力，形成保障小镇发展的长效运营机制。

3. 节庆模式

以凤县为例的节庆旅游模式，通过将文化融入节庆，以节庆为媒介推出极具品牌影响力的大型节庆，进一步打造旅游节庆品牌，提升旅游整体形象、影响力和知名度。

4. 夜游模式

以大唐不夜城为例的夜间旅游模式，通过以文促旅、文旅助商，融入商业、休闲、娱乐、体验等多种元素，打造多种夜游项目的综合性文化旅游步行街，满足市民游客的各种文化、消费需求的同时实现文旅商的互动融合发展[205]。

三、案例

1. 项目引领产业聚集

西安市宣布拨付 3 亿元资金重点扶持文化旅游企业发展，推出了"推动文化旅游产业快速发展工作方案"，提出了 22 条支持政策，其中坚持项目引领、加速产业聚集是重中之重[204]。按照计划，西安又将安排文化旅游在建项目 23 个，计划投资 137 亿元。加快推动重点文旅项目建设，以文创产业促就业、促创新、促消费[204]，西安将以文化产业示范园区（基地）建设，带动文化企业聚集发展。

2. 千年古都·常来长安

围绕"千年古都·常来长安"这一全新的城市文旅品牌，西安市将策划推出"乐长安""享长安""共长安"三大主题活动[204]。此外，还有"千年古都·常来长安"文旅游记、旅游宣传片、主题歌曲，以及主题列车、主题客舱和"城高市旅游电子通票"等一系列策划。为助力打赢抗疫阻击战，西安推出"共长安·万家灯火送吉祥"主题活动[204]。西安还提出将以创意设计、传媒影视、动漫游戏、电子竞技为重点，打造成长性好、创造性强、附加值高的现代文创产业[204]。

3. 文化产业升级

推动文旅企业重塑商业模式实现产业升级，加快西安文旅产业发展的重要推动力首选业态创新[204]。

4. 文化遗产活化，形成文化旅游八大业态

陕西省基于文化活化进行文旅融合：陕西重视盘活资源，活化与创造文化，突出传统文化的现代解读、旅游资源的现代打造[206]。通过文化物态化、活态化、业态化手段，让陕西文化活化为旅游产品，形成文化旅游八大业态，即旅游演艺、文创开发、文旅综合体、文旅特色小镇、节庆、夜游、"会展+旅游"、主题公园等[206]。

第二节   甘肃：

文化遗产资源数据云平台的文旅融合

一、古丝绸之路，今全域丝路游

1. 交响丝路·如意甘肃

大众对甘肃旅游认知度逐渐增强。近年来，随着"一带一路"倡议不断推进，甘肃的旅游热度迎来了新一轮增长，甘肃省也将"交响丝路·如意甘肃"作为其文旅形象，进一步增强了大众对于甘肃旅游的认知度[207]。

2. 丝路之旅

文旅融合成为甘肃"新名片"。甘肃省旅游接待人数和旅游综合收入已连续多年保持 20%以上的增长率，文旅产业已成甘肃十大生态产业的首位产业，被视为甘肃经济动能转换的"排头兵"[207]。备受海内外游客青睐的"丝路之旅"，也逐渐成为甘肃文旅产业新的增长动力，从古丝路沿线的麦积山、七彩丹霞到敦煌莫高窟，甘肃正在变成"丝路游"全域大景区[207]。

二、甘肃省文旅融合定位与理念

甘肃省重点实施六大文化工程，重塑丝路辉煌。六大文化工程包括：敦煌文化工程、长城文化工程、黄河文化工程、始祖文化工程、

红色文化工程和民族民俗文化工程[208]。具体而言，敦煌文化工程将建成国家文物保护创新研究中心，打造"一带一路"文化遗产资源数据云平台，建设河西走廊国家遗产线路；长城文化工程将开展长城抢救性保护行动，创建长城文化遗产保护创新平台，建设长城国家文化公园；黄河文化工程将创建国家黄河文化保护创新（兰州）中心，建设黄河文化展示和产业集聚区[208]；始祖文化工程将创建始祖文化协同发展中心，打造"全球华人寻根祭祖圣地"文旅品牌[209]；红色文化工程加强革命文物保护，同时建设长征国家文化公园；民族民俗文化工程开展民族民俗文化振兴行动，加强非物质文化遗产保护传承等。

三、案例

1. 打好丝绸之路文化旅游牌

充分挖掘兰州作为古丝绸之路重镇所沉淀的丝绸之路多元文明的基因，整合历史文化碎片和文化记忆，发挥对丝绸之路沿线各国人群的吸引，从而增进对话与交流，实现文化的融通和"人心相通"[209]。

2. 打好黄河文化旅游牌

实施黄河文化工程，创建国家黄河文化保护创新（兰州）中心，把兰州建设成为黄河文化展示区和文旅产业集聚区。"黄河之都"的文化旅游业将由此迎来新的发展机遇[210]。

3. 打好"前工业文明"旅游牌

将"前工业文明"的遗存打造到城市文化格局中会形成城市的文化记忆，在工业遗址上建设工业遗产博物馆和怀旧车站等工业旅游体验空间。

4. 打好"一带一路"民族民俗旅游牌

加强非物质文化遗产保护传承，大力发展民族风情旅游、民俗旅游、民族民间民俗手工艺博览、会展等，以建设丝绸之路非遗文化博览中心为依托，打造"一带一路"民族民俗文化旅游品牌[209]。

5. 打好移民文化旅游牌

挖掘并建构兰州的会馆文化、商会文化等移民文化，唤起移民的文化认同以及移民输出地的文化认同感和亲近感，从而通过移民文化旅游营销兰州[[209]]。

6. 六大工程活化古丝路旅游

甘肃省活化型文旅融合：甘肃省不断强化当地旅游认知度，结合丝绸之路中耳熟能详的历史典故，重点实施敦煌文化工程、长城文化工程、黄河文化工程等六大文化工程项目，打好文化旅游牌。

第三节　青海：

生态底色、绿色优先的文旅融合

一、尊重自然、顺应自然、保护自然

1. 世界上独有的生态、文化和旅游资源

青海坐拥世界上独有的生态、文化和旅游资源，多民族聚居，多宗教并存，多元文化荟萃，被誉为"中华水塔"和"三江之源"，有千山堆绣、百川织锦的山宗水源。独特的地理气候条件造就了气势磅礴、辽阔壮丽之美，多样的高原生态环境赋予了蓬勃活力、旺盛生命之美，久远的历史文化积淀构成了绚烂多姿、人杰地灵之美[211]。

三江源头绿意盎然，青海湖畔鸟欢鱼跃，祁连山上林海莽莽，湟水河畔清水荡漾，有着远古文明的昆仑神话、黄河发端的河湟文化、世界非物质文化遗产热贡艺术，"一带一路"和长江经济带的连接交汇[211]，各民族休戚与共，多元文化交相辉映，构成了独具魅力的大美之地。青海集地理极地、生态高地、安全要地、文化名地、旅游净地于一体。如此之重的资源禀赋是青海文化旅游发展最宝贵的财富。青海省出台了《青海省进一步激发文化和旅游消费潜力的实施方案》，举办"黄河·河湟文化"惠民消费季活动，启动文化消费试点城市建设、文化惠民卡西宁试点项目，发放5万张惠民卡[211]。

2. 多元相统筹，大美青海·旅游净地

对口援青、西北协作区、沿丝绸之路、青藏铁路沿线，以及长江、

黄河、澜沧江流域文化旅游合作机制,以文化交流为纽带,传播推介与尊重多元相统筹,实现文旅大融合、发展大联动、成果大共享。

青海具有高原净土的独特优势。2020年青海在全国最先实现了疫情防控"三清零",也是率先重启跨省团队游的省份,向世人展现了当之无愧的"净地"形象。及时亮出"大美青海·旅游净地"名片,以央视宣传为引子,有效把握旅游形象推广最佳启动时机,及时开启全媒体强力宣传青海旅游模式,充分借力央视央广及中央驻青、省垣媒体、户外广告、楼宇等宣传资源,形成矩阵式传播,百余家省内外媒体刊发青海文旅信息近两万余篇(条)。"大美青海·旅游净地"旅游广告甚至还登上了美国纽约时代广场,青海已经成了大众心中最向往的文化旅游目的地、网红打卡地。

3. 夜游青海,文旅演艺和文旅集市有效结合

开展了青海文旅人"游"青海、青海人游青海、博物馆日、中国旅游日、文化和自然遗产日、"非遗购物节""黄河·河湟文化"惠民消费季、中国景区创新发展论坛、全省文旅企业家建言献策座谈会、诚邀全国人民游青海等活动,针对"夜间经济"系列消费兴起,将文旅演艺和文旅集市有效结合,为广大群众及省内外游客提供多元消费选择[211]。

二、青海文旅融合定位与理念

1. "大美青海·旅游净地",艺术精彩纷呈

调整文旅专项资金支出结构,最快速度集中下达文化旅游专项资金2.5亿元。向省内金融机构推送全省文旅行业意向贷款企业和项目193个,融资需求85亿元,促成合作项目100余个,助企融资近20亿元。全省文旅管理部门齐抓共进,先后创排大型剧目20多台,全省各类文艺团体共演出1.8万余场。积极创新经营模式,努力提供更多高质量的旅游产品和服务,推动文旅市场繁荣,形成安全、诚信、文明的"大美青海·旅游净地"大市场环境。2020年1—8月,青海接待游客人次和旅游总收入分别恢复至7成和5成。全省文化馆(站)、图书馆、博物馆、旅游星级饭店、旅行社、A级旅游景区复工率全部

达到 100%[211]。

2. 藏羚羊、天空之境创意，文旅产业聚集发展

文创精品或以丝绸之路为核心元素，或体现藏羚羊、天空之境等现代创意。大力推进西宁多元文化产业发展，推动海东河湟文化、海西昆仑文化、黄南热贡文化产业等集聚区、海南海北环青海湖生态文化旅游先行区、玉树果洛三江源生态文化体验区建设。文化旅游深度融合，企业及其展品占比进一步提升。手工艺品、土特产品、景区景点推介等共同构成了青海文化旅游产业融合发展的一个缩影。被誉为"中国的科罗拉多"的龙羊峡生态旅游度假景区首次整体推介旅游景区的旅游线路、旅游项目等，并现场发售门票，吸引更多的观众去龙羊峡景区探秘，全面展示青海文旅融合发展新特点、新趋势[212]。

3. 强化设施，挖掘文体项目活化遗产

推动公共文化设施的旅游开放，拓展全民阅读活动。支持现有文化馆、图书馆、博物馆、纪念馆、文化广场等公共文化设施面向旅游开放，开展文化旅游创意产品展示销售、旅游景区和旅游线路推介、文化演出等活动，促进公共文化服务与旅游开发协调发展。

加快文旅融合与公共体育发展。挖掘开发射箭、赛马、摔跤等民族传统体育项目，释放冰雪运动潜力，实现"白雪换白银"，推进大型体育场馆及设施向社会免费或低收费开放，推进全民健身运动。

成功举办"民族团结进步"青绣大赛、青海传统工艺（青绣）与乡村振兴论坛，新增 108 名省级非遗传承人，将非遗传承发展工程方案作为典型在全国推广。

4. 全域生态文化旅游区

积极推动具有青海特点的全域旅游示范区创建，串联打造国家级生态旅游线路和风景道，联合打造国家青藏高原生态旅游目的地。大力发展"互联网+旅游"新业态，打造一批智慧景区和智慧旅游小镇[211]，建设以河湟文化、热贡文化、昆仑文化、三江源生态文化等为代表的文化产业示范区[211]。

三、案例

1. 活化遗产

（1）文化遗产保护传承，文物展示

加强文物保护利用和文化遗产保护传承，实施文物展示利用惠民工程。发挥文物服务社会功能，加快省级以上文物保护单位合理利用步伐，依托喇家国家考古遗址公园、西海郡故城遗址、第一个核武器研制基地旧址等文物保护单位中独具特色的文化生态资源，实施文物展示利用工程，积极发展文化观光、休闲体验、红色旅游等多种形式的文化旅游活动，打造青绣、剪纸、农民画、雕塑雕刻、藏饰等传统特色文化品牌。

（2）民俗风情实景歌舞演艺

青海互助纳顿庄园推动文旅融合提升旅游品牌，促进旅游经济加快发展。纳顿公司依托互助土族自治县独具特色的土族民俗风情和地域特色，紧紧围绕消费升级需求，以实景展示、歌舞演艺等多种形式展演推广"纳顿节""土族花儿""土族婚礼""土族轮子秋""土族安昭舞""土族盘绣""土族服饰"等。经过多年探索实践，企业从一个"农家乐"升级为民俗文化旅游综合体。

2."诗与远方"牵手同行

青海省为积极推进文旅融合发展，通过文旅展览、青绣文化、唐卡外宣、大型文旅活动等开展旅游融合。同时，建立跨区域合作机制，如青海和深圳的青绣情，加强公共文化设施建设，加强文体活动发展，不断推进文旅产业聚集发展。

第四节　宁夏：

"以文塑旅、科创彰文"的文旅融合

一、塑造宁夏文化和旅游整体形象品牌

1. 一首歌、一部电影述说宁夏故事

水洞沟景区推出国内首部大型实景马战史诗剧《北疆天歌》，沙坡头旅游区推出国内首台魔幻情境体验剧《沙坡头盛典》，瑞信温泉小镇推出大型旅游演艺秀《西夏盛典》，西夏风情园推出实景马战演艺《烽火西夏》，让游客深深记住宁夏故事[213]。宁夏还借助一首歌、一部电影或纪录片、一个故事或微视频等，吸引国内外游客"阅贺兰山秀、品葡萄美酒"，叫响"长城博物馆""星星的故乡""东西部扶贫协作典范""中国旅游微缩景观"等品牌[213]。

2. 提质升级服务，搭建文旅融合舞台

市场，是文化和旅游融合发展的广阔舞台。推动文化企业、A级景区等市场主体增强市场意识，由"我定菜、你选单"向"你点单、我配菜"模式转变[214]，努力把文化和旅游资源优势变成市场优势、经济优势[214]。坚持实施"引客入宁"政策，举办香港宁夏旅游宣传周、"八闽亲人宁夏行"等宣传推介活动，讲好"塞上好江南、美丽新宁夏"的好故事、新故事，打造"冬天可以去海南，夏天一定来宁夏"品牌特色。通过明确服务质量指标，完善游客满意度调查制度，实行服务质量四级督导，严格落实首问负责制等措施，创新服务质量管理体系建设[213]。

3. 科技助力娱乐项目，发力沙漠星空游

2017年以来，景区在沙漠娱乐项目、黄河娱乐项目、高空娱乐项目基础上，大力开发沙漠星空游[213]。大型文旅演艺《千寻宁夏》使用声光电等现代高科技舞台技术手段，将声乐、舞蹈、杂技、高空特技、

多媒体艺术等舞台演出形式合为一体[214]。

二、宁夏文旅融合定位与理念

1. 顶层设计"六大行动"，挖掘宁夏历史文化内涵

实施宁夏东部旅游环线、大六盘红色生态度假板块、贺兰山东麓生态文化旅游廊道、大沙坡头休闲度假旅游板块、黄河文化旅游带、银川都市圈文化旅游核心区建设"六大行动"，系统性挖掘全区历史文化特色内涵[214]。推出"宁夏故事我来讲述"征集活动，深度挖掘文化内涵，增强文化和旅游吸引力，用故事赋予宁夏文化和旅游宣传新内涵[213]。

2. 产业要实现"+旅游"和"旅游+"两个重要模式

推动文化与旅游融合，协调在景区设立文创产品展销中心，提升《沙坡头盛典》《宁夏川好地方》等旅游演艺剧目品质，促进文艺剧目、非遗项目进景区[213]。与特色农业融合，推进贺兰山东麓葡萄文化长廊、葡萄文化小镇建设，积极培育特色文化酒庄。推动文化与科技融合，支持宁夏秒银互联网科技有限公司自主研发手机广告精准分配平台，成为移动互联网手机广告第一品牌[214]。文化与生态、创意、房车、健身、登山等融合，全区累计创建国家级文化产业示范基地 6 家、试验园区 1 家；评选命名自治区级文化产业示范园区 4 家、示范基地 53 家、示范户 66 家、特色村镇 5 个，发挥了示范带动作用，成为全区文化产业发展的"龙头"。党的十八大以来，宁夏培育文化企业数量逐年增加，规模以上文化企业由 2012 年的 54 家增加到 2017 年的 108 家，文化产业增加值由 51.7 亿元增加到 2017 年的 81.45 亿元。

3. 提速新兴产业方兴未艾

推进文化创意产业发展，建立全区动漫企业认定工作机制。举办银川文化艺术创意节、互联网电影节、宁夏博物馆文创产品设计大赛等系列文化创意活动，搭建文化创意协作交流平台，带动文创产业发展。宁夏博物馆联手中国动漫集团举办宁夏"一带一路"动漫节和"艺术宁夏"艺术品博览会，并与中国动漫集团签订战略合作框架协议，建立中国动漫集团众创空间宁夏基地。

4. 培育文化消费形成特色

推动银川市开展国家首批文化消费试点城市工作，创建政府补贴、企业让利、大众受惠模式。支持宁夏人民剧院实行专业化管理、多元化演出，满足不同层次观众消费需求。

三、案例

1. 携手浙江推动 IP 品牌

《星空朗读》走进宁夏：星星故乡话江南，贺兰山下读星空。浙江、宁夏两省区在文化和旅游领域再度携手、共赢发展，不断扩大宁夏旅游在全国特别是长三角地区的知名度和影响力，推动宁夏打造"星星的故乡""长城博物馆"等 IP 品牌，让"诗画浙江"和"塞上江南"完美地融合，用最动听的声音、最美丽的星空，讲述"美丽宁夏"。

2. 以文塑旅，科技创意宁夏故事

基于科技创新进行文旅融合，宁夏回族自治区近年来不断补齐短板，在原有娱乐项目基础上，大力发展夜游模式，注重服务升级，促进产业主体快速成长，提速新兴产业，加快融合发展。

以"冬游宁夏·享受阳光"为主题的 2018 年宁夏冬季旅游系列活动，精心设置了"走好新的长征路之旅""踏沙之旅""温暖养生之旅""品读西夏研学之旅""丝路文化之旅""民俗风情之旅""浪漫爱情之旅""塞北冬韵之旅"等冬游线路产品，同时，高质量、高标准地举办"诗与远方""燃烧我的卡路里""味蕾狂欢节""全国媒体采风"四大系列冬季旅游主题活动，强有力地助推文化旅游与康体、创意、登山、生态融合。活动期间，宁夏非物质文化遗产传承人、文艺院团、文化馆、旅游景区（点）、旅行社、购物店联合奉献艺术表演、特色小吃、精品旅游线路等最优、最丰富的冬季旅游体验。

第五节 新疆：

旅游演艺为重要载体的文旅融合

一、舞台的声、光、电技术呈现"新疆是个好地方"

1. 推进旅游演艺转型升级、提质增效

为积极打造本土精品文化旅游演出，培育和培植文旅演出市场，新疆制定了《自治区文化和旅游系统2019年文旅融合实施方案》，将旅游演艺作为文化和旅游融合发展的重要载体，推进旅游演艺转型升级、提质增效[215]。在乌鲁木齐南山风景区启幕的大型实景音乐剧《昆仑之约》通过声、光、电技术，在山水间呈现舞台设计之美[215]。《丝路秀》《东归·印象》《千回西域》《喀纳斯盛典》《吐鲁番盛典》等旅游演艺品牌吸引着大量中外游客的目光，成为向外推销"活力新疆"的重要载体。有效整合，优化资源，在初步形成的"五区三线"旅游发展格局的基础上，逐步形成了以丝绸之路文化为核心的旅游产品开发体系，打造了喀纳斯、喀什、天池、葡萄沟、那拉提、赛里木湖等一批在国内外影响较大的旅游景区。

2. 支持专业艺术团体组织演出，创新发展演艺产业

新疆各地州把旅游发展列入议事日程，召开旅游发展大会，出台配套政策措施。自治区党委、政府出台了多项政策支持旅游发展。《新疆是个好地方》将在新疆人民剧场驻场演出。此外，新疆推进旅游演艺创作，根据知名景区具体文化旅游资源概况和历史渊源，量身打造高品质的旅游演艺品牌，支持专业艺术团体组织演出、小分队进景区演出，并请国内优秀专家指导提升现有演艺剧目品质，全面推动旅游产业和文化演艺全方位融合、创新发展，在全球范围吸引更多游客来新疆旅游[215]。

二、新疆文旅融合定位与理念

1. 基于新疆"文化＋旅游"进行开发

动漫集纳全息视觉技术和立体纸艺场景，不仅可以实现多重互动，还能够线上分享。把传统文化等用动漫科技 AR 技术与旅游相结合进行大数据分析，形成"文化＋科技＋旅游"的产业生态链。大力宣传新疆安定团结的局面，宣传新疆秀美的风光和浓郁的民族风情，提高新疆旅游的知名度。目前以文化旅游产业与互联网、大数据、人工智能融合发展，协同推进，数字经济成为文化旅游转型升级的重要引擎，数字化、智能化也渗透到了文旅产业的服务、管理、体验、营销等各个环节。

2. 发展演艺破解地域气候制约文旅

新疆地广人稀、冬冷夏热，地域旅游产业短板效应明显，制约发展。新疆的"短板"在于旺季时间过短，淡季时间较长，旅游综合效益易受影响。新疆阿克苏地区大型文旅演艺秀《千年之约梦幻龟兹》在阿克苏文化艺术中心再度上演，为来自各地的游客和当地市民献上一场视听盛宴。《千年之约梦幻龟兹》由浙江援疆资金扶持打造，依托特色文化资源，运用现代舞台技术，融合当地非物质文化遗产元素，展现新疆各民族交往交流交融的历史。该演出于 2019 年 5 月首演，截至 2020 年 10 月，已演出 30 多场，累计吸引了数万观众，成为当地"文化+旅游"的名片之一。

三、案例

1. 整体规划，"文化拉、旅游推"

围绕丝绸之路经济带核心区文化科教中心建设。出台了《自治区文化产业发展专项规划（2016—2020）》，设立新疆特色文化产业扶持资金，自治区拿出 4390 万元文化产业发展专项资金用于扶持新疆文旅企业发展，支持了一批文旅产业重点项目建设，文化产业园区建设一路提速[215]。

借助优秀的历史文化和缤纷多姿的民族文化，不断打造新的旅游热点、发展新的旅游形态。全疆旅游业突飞猛进，成为文化产业的推进器。纷至沓来的游客带火了各类文创产品，不仅让一些濒危非遗项目重获生机，还发展成大产业[215]。

2. 挖掘旅游文化，借助演艺吸引游客

采取多种措施加快演艺与旅游融合发展。加快推进旅游演艺创作，为知名文化旅游景区量身打造高品质的旅游文化演艺品牌，支持专业艺术团体组织小分队进景区演出，全面推动文化演艺和旅游产业全方位融合、创新发展。

发展克拉玛依一号井红色旅游项目。克拉玛依是新中国石油工业的发祥地，这里有完整的石油工业体系和丰富的石油工业历史文化，为发展独特的红色旅游提供了有利条件[216]。同时，克拉玛依传承下来的石油精神也成为一号井红色旅游景区的文化内涵[216]。"十三五"以来，克拉玛依市抢抓红色旅游发展良好契机，充分整合辖区内丰富的红色旅游资源，打造红色经典线路、石油工业主题线路、研学体验线路等多条经典旅游线路，受到了全国各地游客的喜欢[216]。

新疆充分整合发挥资源优势，凭借良好的旅游发展环境以及多方援疆的政策优势，围绕丝绸之路经济带核心区进行文化科教中心建设，出台多项方案，促进文化旅游共同发展。

第七章 中南地区文旅融合实践

第一节 湖南：
流动舞台实景秀的文旅融合

一、馆展+山水舞台实景秀湖湘文化

1. "红+绿+民俗演艺"文化旅游发展态势好

（1）文化旅游资源丰富。湖南省拥有壮美奇绝的自然景观、源远流长的历史文化、世人景仰的革命圣地、多姿多彩的民族风情，特别是地处"一带一部"特殊区位，高铁、高速公路、航空等综合交通运输体系不断完善，推进文化和旅游深度融合发展的优势得天独厚[217]。在政府的高位推动和社区的共同参与下，湖南省文化和旅游呈现持续向好的发展态势。2015 年至 2018 年，全省文化和创意产业增加值从 1707.18 亿元增长到 2260 亿元，占 GDP 比重达到 6.2%；全省旅游接待游客从 4.7 亿人次增长到 7.5 亿人次，年均增长 16.8%，旅游总收入从 3712.9 亿元提高到 8355.7 亿元，年均增长 24.8%[217]。2018 年春节，湖南游客净流入人数位列全国第一。湖南现有上市文化旅游企业 27 家，各类文化旅游市场主体 1.7 万家，文化旅游产业项目 1299 个[217]。推动湖南省文化与旅游的融合，也是推动湖南省旅游产业持续快速健康发展的重要途径[217]。

（2）坚持改革创新，聚焦融合发力。湖南积极探索文化和旅游融合的新路子。改革开放以来，湖南省打造了一批在国内外叫得响、推得出的文化旅游精品[218]。韶山实施"红色文化旅游+"战略，全面建

设全国红色旅游融合发展示范区、全国红色旅游国际合作创建区，已成为国内极具特色的红色旅游胜地[219]；凤凰县通过大力发展文化旅游，在 2018 腾讯全球合作伙伴大会上获"最受欢迎全域旅游目的地"称号，《小城凤凰》走进国家义务教育语文课本[218]；在长沙琴岛演艺中心，丰富多彩的湖湘文化演出风格深受广大人民群众的喜爱，被全国娱乐旅游界称为"琴岛现象"[218]；由湖南省演艺集团与常德市经山水投资有限公司共同打造的大型灯光风情实景秀《梦回穿紫河》，开创了湖南文化旅游流动舞台实景秀的先河；宋城演艺以西周王朝灿烂的历史文化为背景，倾力打造的大型歌舞《炭河千古情》[217]。

2. 文化旅游发展的主要问题

（1）文化旅游资源保护力度需要加强。文化资源，尤其是优质文化资源，是文化旅游发展的基础。湖南省拥有诸多文化资源，比如饮食文化、民俗文化、织造文化等，但是这些文化目前处于比较艰难的状态，一些表演文化、口头文化，甚至农耕文化也随着工业化不断压缩，处于风雨飘零的状态中。

（2）文化与旅游协同发展不够。从目前湖南省地方文化与旅游融合开发的立法情况来看，文化与旅游的整体规划有待加强。比如有些地方过度重视文化遗产的保护，对于当地居民进行了很多的限制，造成了当地居民的生活不便，结果可能会适得其反。另外，有些经营者只关注文化旅游短期经济效益，对于文化遗产造成了破坏。一些景区的人文形象，内容表达大同小异，没有特色，缺乏影响力和竞争力。

（3）文化旅游品牌建设有待加强。文化旅游的重要特征就在于以文化品牌带动旅游产业。因此，文化旅游品牌建设是文化旅游融合能够持续发展的重要动力。当前，湖南省的一些旅游品牌存在严重空壳化，在公共文化服务体系建设中，某些地方"有品牌、无企业、无产品、无服务"的区域文化品牌空壳化现象极为严峻，导致部分文化旅游品牌逐步弱化，甚至空壳化。不少旅游企业忽视服务质量建设与文化内涵建设，忽视文化旅游品牌的市场价值，有些企业甚至把自身利益与游客利益对立起来，将旅游行业当作了一次性服务行业。

（4）文化旅游理念滞后。《湖南省旅游管理条例》于 1997 年制定，

2000 年、2002 年先后两次进行了修订[220]。随着国家有关旅游政策法规的调整和本地区旅游业的发展，2008 年，《湖南省旅游条例》经省人大常委会审议通过并实施[220]。2009 年，《旅行社条例》和《旅行社条例实施细则》相继出台，2013 年《中华人民共和国旅游法》正式实施[220]。根据下位法依据上位法原则，湖南省地方性法规《湖南省旅游条例》已经明显不能适应现实发展的状况。湖南省旅游市场尚不规范，旅游景区和活动管理混乱、旅游资源屡遭破坏等问题较多，特别是"零负团费""凤凰古城收费"等社会热点问题，迫切需要以立法的形式进行更好的约束[220]。另外，《长沙市历史文化名城保护条例》《湘西土家族苗族自治州老司城遗址保护条例》等，均未将文化旅游融合发展作为立法考量因素，需要逐步修改完善。

二、湖南文旅融合定位与理念

1. 文化丰富多彩，旅游资源优势明显

湖南有丰富的传统文化资源、红色文化资源和数量众多的历史文化名人。湖南有 83 人被列入《中国历代名人辞典》，占全国历史名人的 10%以上；有长沙、岳阳、凤凰 3 个国家级历史文化名城，有丰富的宗教文化资源、民俗文化资源、生态文化资源[217]；以苗族、土家族、侗族、白族风情为代表的少数民族文化，构成独特的湖南民俗文化景观；张家界武陵源风景区和邵阳新宁崀山（中国丹霞）是世界自然遗产，大围山国家生态旅游示范区、东江湖国家生态旅游示范区属于国家认定的生态旅游示范区[217]，张家界国家森林公园等 10 个景点属于省级认定的生态旅游示范区。

2. 文化旅游发展态势强劲

湖南文化旅游产业规模逐年壮大，整个旅游业在湖南产业体系中日益壮大，成了经济社会发展中的新经济增长点[217]。2017 年湖南省旅游总收入为 7172.61 亿元，同比增长 31.25%，已经具备了成长为新兴支柱产业的基础和条件。湖南的知名文化旅游项目繁多，譬如凤凰古城、武陵源—天门山、岳麓山·橘子洲、南岳、岳阳楼、韶山等国际旅游精品景区。其中，老司城、崀山、张家界已列入《世界遗产名录》。

3. 文化旅游政策效果明显

根据国务院《关于加快旅游业发展的意见》等国家层面的政策和措施，湖南省旅游局等相关部门依据湖南省218委省政府部署，并结合湖南实际出台了《湖南省旅游业发展总体规划》和"十三五"旅游发展规划等地方规划，促进湖南省文化旅游的发展，为湖南文化旅游业的融合发展提供了坚实的政策支持，收效十分明显[218]。

4. 文化旅游立法初步完善

湖南省制定了《湖南省旅游条例》《湖南省旅游管理条例》和《长沙历史文化名城保护条例》，以及一些地方政府制定的地方性法规等，这些立法是我省文化立法的重要内容，说明文化旅游立法工作受到了全省各级人大和政府的重视。

三、案例

1. 永州市文化与旅游融合的案例

（1）勾蓝瑶寨"洗泥节"。2019 年 6 月 15 日，农历五月十三，是湖南省永州市江永县兰溪瑶族乡勾蓝瑶村传统的"洗泥节"[221]。来自全国各地的摄影爱好者、游客约 2.6 万人走进瑶寨，与瑶胞欢度节日，在瑶寨的表演厅吃"洗泥宴"，品瑶家油茶、苦瓜酿，观赏原生态民俗表演，在蒲鲤井"洗泥摸鱼"。2018 年以来，勾蓝瑶寨每年接待游客超 40 万人次，村民人均收入近 7000 元，让这个省级贫困村彻底甩掉了贫困帽子[222]。

（2）零陵古城。2020 年 3 月 28 日上午，零陵古城文化戏台上精彩的文艺表演吸引着游人们驻足观看，受新冠肺炎疫情影响寂寥两月有余的古城再现久违的热闹，向外界传递着永州春天邀约的声音[222]。活动期间，除了零陵古城开街仪式、民俗巡游活动、市井民俗杂耍、非遗民俗街头体验活动、戏台表演和赶闹子广场瑶族火神祭祀、端午特色民俗体验、国学课堂、端午赏诗会，以及"咏潇湘·游零陵"端午系列文旅活动让古城人气爆棚[222]。

2. 长沙市文化与旅游融合的案例

（1）强化公共基础服务设施。长沙在 2019 年统筹了公共服务设施建设，新建了 100 个标准村综合文化服务中心，新建和改建了 17 座旅游厕所。2019 年 6 月，"长沙经验"在全国公共文化领域重点改革任务落实暨旅游厕所革命工作现场推进会上作为典型被推介[223]。同时与株洲、湘潭旅游景区共同推荐了休闲、研学、红色旅游三条精品路线。

（2）文旅产业小镇建设。在产业融合上，最典型的有长沙方特东方神话、天心文化产业园、新华联铜官窑国际文化旅游度假区、华谊兄弟电影小镇等。2019 年 9 月 10 日至 15 日，第五届湖湘动漫节在华谊兄弟（长沙）电影小镇举行[223]。大型动漫文化展会与旅游景区的首次结合，碰撞出新火花：6 天内，华谊兄弟（长沙）电影小镇入园人数较此前增长了近两成[223]。长沙滨江文化园作为湖南十大文化地标中唯一的现代公共文化生活场馆，同时也是高品质文旅特色旅游景区，自 2015 年 12 月开园至 2019 年 7 月 31 日，入园游客达 1416 万人次，成为名副其实的省会地标[223]、文化圣殿。它以文旅融合带动了长沙市旅游的发展。雨花非遗馆首创了中国"非遗+"的活态传承发展模式，入选了 2019 年全国非遗与旅游融合十大优秀案例。雨花非遗馆汇集了中国书法、剪纸、皮影戏、湘绣、蓝染技艺等数个非遗项目，将非遗和其衍生品与现代生活、市场接轨，打造了非遗主题创意馆，在馆内设置参观展示区、体验学习区、节目表演区等，让游客进行体验式旅游，以非遗项目的聚集优势带动文旅市场，延伸文旅产业链，使其成为市民、游客"家门口的诗和远方"。

2019 年 9 月 22 日，湖南国际文化旅游节发布全省十大特色文旅小镇，其中长沙有 3 个镇入选，展现出长沙文旅融合的磅礴之势[223]。田汉艺术小镇（果园镇）位于长沙县，是著名戏剧家、国歌《义勇军进行曲》词作者田汉先生的故乡。近年来，果园镇始终把田汉文化作为特色小镇建设的核心与灵魂，建设了田汉文化园，举办了田汉文化系列活动，成立了特色文旅小镇创建工作领导小组和文旅产业联盟等。该镇始终围绕"田汉" IP 来布局建设。2019 年，为隆重庆祝中华人民共和国成立 70 周年，纪念《中华人民共和国国歌法》正式颁布两周年[223]，果园镇的田汉文化产业园排练了大型历史舞台剧《田汉眼中的中国》，希望中国人民能铭记历史，缅怀先烈，不忘初心，致敬田汉先生，同时也能够宣传田汉文化，让文化带动果园镇的旅游发展。《田汉眼中的中国》是长沙县和田汉文化园将"不忘初心，牢记使命"主题教育和红色旅游资源深度融合，探索全新文旅运营模式发展的标志[223]。

3. 张家界市文化与旅游融合的案例

张家界因旅游建市，是中国最重要的旅游城市之一，是湘鄂渝黔革命根据地的发源地和中心区域。1982 年 9 月，张家界国家森林公园成为中国第一个国家森林公园[224]。1988 年 8 月，武陵源风景名胜区列入第二批国家重点风景名胜区。1992 年，由张家界国家森林公园等三大景区构成的武陵源自然风景区被联合国教科文组织列入《世界自然遗产名录》；2004 年 2 月，被列入中国首批世界地质公园；2007 年，被列入中国首批 5A 级景区[224]。一直以来张家界以其独特的自然风光为众人所知，但这却容易使人们忽略其文化内涵[224]。

（1）张家界文化与旅游产业融合发展掀开新篇章。为了解决这个问题，张家界也做出了相应举措，以促进文旅融合发展。2019 年 8 月 5 日，张家界 2019 年重大文旅产业招商引资项目集中签约仪式在长沙举行，共有 15 个文旅产业项目正式签约，总签约金额达 597.1 亿元。张家界作为全省旅游的龙头[224]，是展示湖南形象的重要窗口和靓丽名片，具有丰富的旅游资源和深厚的文化底蕴，拥有非物质文化遗产达 10 大类 818 项[225]。张家界全市旅游资源禀赋上乘，丰富多彩，密集度大。既拥有享誉全世界的自然资源，又集聚了少数民族文化、红色文化、宗教文化等底蕴深厚的文化资源。近年来，张家界越来越重视推进文化与旅游的深度融合，《张家界·魅力湘西》《天门狐仙·新刘海砍樵》两台演艺大戏等为代表的旅游演艺节目蜚声国内外，元宵灯会、桑植民歌、黄龙音乐季等节庆文化旅游活动精彩纷呈，军声砂石画、土家织锦、土家刺绣等文化旅游创意产品备受追捧，文旅融合硕果累累。以《天门狐仙·新刘海砍樵》和《张家界·魅力湘西》为代表的旅游演艺，已成为张家界文旅融合成功的典范，既催生了新的文化业态、延伸了文化产业链，又带动脱贫就业，其产业增加值在当地

GDP 中的占比已超过 8%，成为经济发展新的支柱产业[224]。在文旅融合节庆活动方面，张家界已连续举办了 18 届国际森林保护节，多次成功举办了国际乡村音乐周、"六月六"民俗文化活动月、中国文化旅游节等节会活动[225]。

（2）张家界市武陵源区入选 2020 年度中国文旅融合发展名县（区）案例。这是武陵源区继 2019 年入选全国全域旅游发展年度优秀案例之后，再次荣登中国旅游产业影响力风云榜。除此之外，张家界市把准文化旅游发展的时代脉搏，推动文化与旅游全方位、全链条深度融合，拉长产业链条，实现社会效益与经济效益的统一[224]。利用"历史与文化、山水与生态、民俗与风情"等资源，开发出土家织锦、土家刺绣、砂石画一批特色文创产品，使普通商品转化为旅游文创商品[224]。武陵源区乖幺妹公司董事长丁世举，围绕土家织锦非物质文化遗产，创办了 3 个基地，产业工人达 300 余人，累计培训学员 1200 多人次，600 多种产品远销 30 多个欧美国家[225]。

4. 隆回县文化与旅游融合的案例

湖南省境内雪峰山的东北，也就是溆浦与隆回两县交界之地，海拔 1300 米左右的崇山峻岭之中，居住着一个古老部族——花瑶[226]。因其民族服饰独特、色彩艳丽，特别是花瑶女性挑花技艺异常精湛，故称"花瑶"[227]。2010 年 1 月 26 日，虎形山—花瑶风景名胜区成为国家重点风景名胜区[228]。

（1）高标准包装。在文旅融合发展的大背景下，隆回县委县政府多方筹资 1.5 亿元，对神秘花瑶民俗风情旅游项目进行高标准整体开发和包装，现已初步建成自然景观和花瑶文化相结合的旅游胜地[227]。其中，虎形山十里大峡谷、大托摩天石瀑、旺溪瀑布群、全国最大的金银花生产基地等自然景观十分罕见，"中国花瑶第一村"崇木凼花瑶古寨、万贯冲万亩梯田等人文景观极富历史文化内涵[229]。

（2）不断加大花瑶宣传力度。隆回县委县政府重新编排了"打蹂""拦门酒""挑花裙"等一系列反映花瑶风情的民歌舞蹈，在北京、深圳、长沙等地展示演出[226]。同时，编印《神秘的花瑶》《瑶山神韵》等宣传旅游手册，并邀请中央电视台等上百家媒体集体采风，拍摄《花瑶风情》等旅游宣传专题片 20 个，向世界揭开其神秘的面纱[227]。截至 2020 年末，虎形山—花瑶风景名胜区已被列入重点新建的 100 个国家标准等级旅游区[226]。被喻为"中国金银花之乡""挑花艺术之乡"的隆回瑶乡成为省级风景名胜区，成功入选新潇湘八景[229]。花瑶古寨崇木函村跻身"全国魅力乡村"，花瑶挑花、呜哇山歌被列入国家级非物质文化遗产名录，花瑶民俗风情游也成为全省黄金旅游线路[228]。花瑶，已经成为隆回走向世界的一张名片[227]。

第二节　湖北：
"云上展演"的文旅融合

一、云展演多彩的汉派戏曲"大码头"

1. 振兴武汉传统戏曲"大码头"

大力推进《关于振兴武汉戏曲"大码头"的实施方案》落地实施，编制印发《武汉市舞台艺术创作三年规划（2019—2021）》，新创作楚剧《向警予》、音乐剧《种在屋顶上的长春花》、交响乐《盛世东方》等 12 大剧目精彩上演。第七届武汉"戏码头"中华戏曲艺术节带来 9 个剧种 36 场精彩演出，首届中国（武汉）汉剧艺术节汇集 11 个院团 22 场精彩演出，汉剧大师陈伯华一百周年诞辰系列活动登上央视《戏曲风采》栏目，推动了武汉"戏码头"繁荣发展。

2. 汉派文化走向全国高地

坚持正确文艺方向，以人民群众为中心，扎实推进专业文艺迈上新台阶。话剧《王荷波》参演第二届全国话剧展演季，累计观众超万人；杂技《炫技黄包车》亮相首届中国杂技春晚，惊艳全场；京剧《光之谷》参加第十六届中国戏剧节，荣获优秀剧目奖。汉味喜剧《海底捞月》、汉剧《霓裳长歌》、楚剧《乡里乡亲》、舞剧《江湖》等优秀剧目全国巡演，获国家级行业奖，扩大了汉派文化影响力。

3. 营造浓郁社会文化氛围

荆楚大地的舞蹈、汉剧、木偶、杂技在各种舞台上绽放，其中武汉杂技团表演的"飞天"和"空中商人"，以及武汉人艺大型木偶舞蹈节目《千年礼颂》在 2019 年武汉军运会开幕式上演出，反响强烈。公益文化活动精彩纷呈，全年共组织开展各类文化惠民活动 3178 场。特色文博展览丰富多彩，盘龙城遗址博物院、中国共产党纪律建设历史陈列馆建成开放，全市 121 家博物馆全年举办展览 152 场，观众达1200 万人次。

4. 拉动多样文化旅游消费

制定《武汉市创建"全国文化金融合作试验区"工作实施方案》，积极支持洪山区创建"国家文化金融合作试验区"，推进推广文化与金融融合的"武汉模式"。完成"武汉文惠通"智慧化改造，上线企业29 家，店铺 169 家，探索场馆预约功能，实现大数据管理。夜间文旅经济繁荣发展，"知音号"、核心区码头美化亮化、江汉关博物馆、中国共产党纪律建设历史陈列馆进行了公共文化场馆的夜间试点开放，引发了社会强烈反响。

二、湖北文旅融合定位与理念

1. 文化旅游资源丰富

湖北省拥有世界自然和文化遗产 4 处，居全国第二；A 级景区 379家，其中 5A 级 11 家（并列全国第五）、4A 级 138 家；星级饭店共有505 家，其中五星级饭店 20 家。全省有 16 个国家级全域旅游示范创建单位（其中恩施市、夷陵区、黄陂区正式成为首批国家全域旅游示范区），17 个省级全域旅游示范创建单位，4 个全国旅游标准化示范城市（咸宁市、武汉市、赤壁市、鄂州市）。

2. "一核、两带、三板块"发展布局

（1）建设文化和旅游强省，达到中部领先、全国前列的要求。这是湖北省未来发展的重大目标。将积极推进长江国际黄金旅游带核心区建设，按照"一核（武汉）、两带（以长江、汉江为纽带，湖北长江、汉江文化和旅游带）、三板块（鄂东人文旅游板块、鄂西生态旅游板块、

江汉平原荆楚文化和旅游板块），构建全省文化和旅游产业发展布局。到 2022 年底，在全省打造文旅融合的"十大示范品牌"[230]，即约 10 个"荆楚文旅名县"、20 个"荆楚文旅名镇"、50 个"荆楚文旅名村"、10 个"荆楚文旅名街"、60 个"荆楚群艺名品"、50 个"荆楚乡间绿道"、100 个"荆楚乡村美景"、100 个"荆楚乡旅人家"、100 个"荆楚乡土美食"、100 个"荆楚乡亲好礼"[230]。同时，每年举办一届"荆楚乡村文化旅游节"，为各创建单位搭建交流展示平台，增强荆楚乡村文化旅游发展活力[230]，努力打造"到荆楚名县、进荆楚名镇、访荆楚名村、逛荆楚名街、品荆楚群艺、走荆楚绿道、赏荆楚美景、住荆楚人家、尝荆楚美食、带荆楚好礼"的文旅融合发展生态链[230]。

（2）实施"文化成景区、文化进景区"计划。挖掘湖北文化底蕴，打造文化特色景观，开发特色文化产品，让湖北特色文化走进景区、走近游客。发布十大文旅品牌、十条精品线路和一批旅游打卡地，推进文艺演出、非遗文化、群众活动、红色文化及文化创意进景区，丰富景区内涵[230]。打造优质旅游景区，组织专家帮助景区提升品质、树立品牌，6 家景区被评为 4A 级旅游景区。加快推动度假旅游品牌建设，推荐了神农架木鱼旅游度假区等 5 家省级旅游度假区创建国家级旅游度假区。加强全域旅游示范区创建，推荐了宜昌市远安县、神农架林区、黄冈市英山县、恩施州利川市、咸宁市通山县等 5 地创建国家全域旅游示范区。

3. "六大"文旅融合

（1）政府主导，民间资本参与；（2）产业全业态化，经济模式多元化；（3）产品品牌化、主题化；（4）景区智慧化、数字化；（5）以文化赋能旅游，寓教于游；（6）乡村旅游与扶贫融合。

三、案例

1. 恩施市文旅融合特色

（1）民俗文化丰富多彩。恩施市系湖北省"大杂居、小聚居"的少数民族聚居地、巴文化发祥地、抗日战争时期湖北省临时省会、湖北省历史文化名城[231]。数千年的历史积淀，使其具有十分丰富的文化旅游资源[231]。辖区土苗风情醇厚、民俗完整，巴文化源远流长，既有女儿会、牛王节、撒尔嗬、摆手舞、比兹卡等民族文化，又有恩施古城墙、连珠塔、文昌阁、挂榜岩、西瓜碑、明城遗址等历史文化文物和叶挺将军囚居旧址，何功伟、刘惠馨二烈士就义的革命纪念地和烈士陵园等红色文化[231]。

（2）打造"武陵山旅游休闲中心"战略目标定位。坚持文化、旅游相互融合、相互促进，加速了文化体制改革和文化产业发展步伐，有力地推动了中华文化遗产的传承与保护，取得了良好的经济效益和社会效益[231]。2016 年，恩施市文艺团队景区景点展演 1000 多场次，送戏下乡、送戏进校园 150 余场，组织"百姓大舞台"专场演出 6 场；举办各类大型文体赛事 12 场次，共吸纳国内外游客 1500 万人次，创造文化旅游综合收入 114.1 亿元，其中文化旅游入境外汇收入 629 万美元[231]。

（3）在全境布局上抢占制高点。恩施市委市政府将文化强市纳入全市经济社会发展总体战略，切实加强对文化旅游相结合工作的领导，不断健全和完善文化部门与旅游部门协作配合的长效工作机制，抢抓创建全国全域旅游示范区的机遇，邀请北京大衍致用旅游规划设计院编制《恩施市全域旅游发展规划》《恩施市文化生态保护区规划》，将恩施市域作为全时空文化旅游目的地进行整体规划布局，推进道路交通、产业发展、城乡建设等专项规划与文化强市和旅游规划无缝对接[231]。

（4）在绿色开发上创品质。"绿色生态"是恩施特质。致力厚植原生态底色，在继承中创新，在保护中开发，不断提升山水品质[231]。

（5）以"女儿会"等民族节庆为抓手，提升旅游演艺产品的品质。市文体新广系统着力提升节目创意、创新演出形式，不断打造群众喜闻乐见的优秀旅游演出节目[231]。旅游景区景点积极吸纳各类文艺演出团队和艺术表演人才，使自身文化内涵得以不断提升[231]。从 2014 年来，"女儿会"依次走进了恩施女儿城、恩施大峡谷、梭布垭石林、恩施龙马风情小镇等景区景点[231]。

（6）以"恩施扬琴""两戏（恩施灯戏、恩施傩戏）"等非物质文化遗产为抓手，提升旅游开发产品品质[231]。坚持以活态传承为根本，秉承保护为主、合理利用的原则，对"恩施扬琴""两戏"等传统表演艺术类非物质文化遗产，在注重其原真形态展示的基础上，经过精心编排，使其成为具有地方民族特色和市场效益的文化旅游节目[231]。同时，合理利用国家级非遗代表性项目，为"恩施玉露制作技艺"注入旅游文化理念，推进茶叶产业与旅游业发展有机结合和新兴文化业态蓬勃发展[231]。

（7）以旅游工艺品开发为抓手，提升旅游附加产品品质[231]。恩施自治州市委市政府鼓励制作符合地方文化特色的文化旅游工艺品纪念品，挖掘旅游品牌形象价值，延伸文化旅游链条。以民族竞技体育为抓手，提升旅游多样化产品品质[231]。广泛开展竞技体育、群众体育活动，丰富文化主题内容，创新文化传播体验方式，提升文化旅游感染力和吸引力。2017年4月，恩施市成功举办首届梭布垭石林"十大拐"全国山地自行车邀请赛，共吸引全国22个省市56支代表队、550余名骑行爱好者参赛[231]。

（8）在产业融合上求突破。单丝不成线，独木难成林[232]。恩施市增强"文化旅游+"思维，推进各种产品、业态和产业的融合发展，大力发展生态农业、低碳工业、现代服务业，积极培育休闲体验、特色民宿等旅游新产品新业态，相继建成恩施大峡谷实景剧场、女儿城、侗族风情寨等各类景区景点[231]，演绎美丽乡村农事、风土人情，开展吃刨汤、过社节，以及富硒野菜节、千人插秧节、土豆花节等文体活动，拓展文化消费领域，延伸文化旅游融合发展产业链条，让村寨变景区、民居变旅馆、农产品变旅游商品[231]。恩施大峡谷龙船调实景剧场、恩施女儿城两个景区年文化演出均达300场次，年接待国内外游客分别为100万、300余万人次，其中恩施大峡谷龙船调实景剧场年直接创造文化旅游收入1.5亿元[232]。

（9）在全民共建上树口碑。一方面，加大文化旅游宣传力度，全方位营造文化旅游发展环境[230]。旅游部门发挥市场优势，将反映地方文化特色的文化产品纳入年度旅游项目推广计划，各旅行社积极组织和宣传具有地方特色的文化项目和文化活动，充实旅游产品文化内涵，提高旅游产品文化品位。另一方面，严格规范文化旅游市场经营秩序[230]。建立健全文化市场执法机构与旅游质监机构联合监管机制，开展联合执法和日常监督检查，强化重点部位监管[230]。

2016 年共计出动执法人员 586 人（次），检查文化旅游经营单位192 家（次），下达责令整改通知书21 家（次），立案调查案件12 件，办结案件 12 件[232]。近几年来，全市景区景点欺骗、胁迫游客参加计划外自付费项目或强制购物行为和制售伪劣文化旅游工艺品(纪念品)行为无一发生，一个人人争当恩施的建设者和"形象大使"、人人为树立"诚信恩施""文明恩施"口碑建基培土的社会氛围正在悄然形成[232]。

2. 恩施市文旅融合要素短板

随着市场经济的发展、小康社会建设的提速，人们文化旅游消费需求日益旺盛，一个全民旅游的时代已经到来[231]。当前旅游已从传统的观光旅游发展到体验、参与性的文化旅游，放眼国内，各地已把文旅融合作为挖掘地方文化、完善旅游业态、促进经济结构调整的"重头戏"[231]。从恩施市来看，旅游文化建设还存在问题：总体规划引领高度缺乏。恩施市历史文化底蕴深厚、内涵丰富，但一直以来对这些文化脉络既无系统梳理，也无实体支撑，让这些沉睡在山野间、技艺里的文化精髓很难连点成线，无法得到有效开发利用[232]。主要体现在：缺乏文化体育产业的顶层设计，要素没有集中布局、产业没有集群培育、功能没有集合构建，景区景点开发各自为政、分散经营，乡村区域之间没有形成合力，联动不够[231]。

3. 其他项目

以保利凤凰旅游度假区、湖北恒大童世界等为代表的主题游乐园项目，以楚地九歌文化旅游康养综合体、天紫湖·中华敬老园等为代表的康养旅游项目，以巴桃园自驾营地、淯水汽车露营地为代表的小众特色旅游项目等精彩纷呈，文旅产品体系不断丰富[232]。目前，湖北各地各相关部门正把项目建设作为推动文旅融合发展的"顶梁柱"，总投资高达 700 亿元的纪南文旅区、投资 120 亿元的华强方特文化主题园、投资 100 亿元的隆中风景区等重大项目稳步推进[232]。

4. 湖北文旅特色

湖北省基于产业化、多元化进行文旅融合：湖北省旅游发展方面目标清晰，成效显著，致力于打造文旅融合"十大示范品牌"，实施"文化成景区，文化进景区"计划，政府主导，民间资本参与，产品品牌化，景区智慧化[230]。

第三节　河南：
"文物核心+资源挖掘"的文旅融合

一、"文物核心+资源挖掘"的休闲体验产品

1. 资源融合已见成效

文化产业与旅游产业在资源方面的融合发展，使文化资源的内涵得到挖掘，提升了文化资源的市场化水平，也使旅游资源具有更丰富的文化意义，提升旅游资源的文化属性，从而在资源的利用和开发中拥有更大的空间[233]。河南旅游资源丰富，资源单体近 4 万个，涉及 8 个主类、30 个亚类、148 个基本类型，许多旅游资源具有唯一性和垄断性，其中文化与旅游融合发展而成的人文资源尤为突出，基本上涵盖了中国旅游文化资源的所有类型。以古都文化资源为例，作为中原腹地的河南，长期作为国家的政治、经济、文化中心，从夏朝到金朝有 20 多个朝代、200 多位帝王在河南建都。中国八大古都河南独占一半，九朝古都洛阳、七朝古都开封、殷商之都安阳及成汤亳都郑州。河南在旅游开发的过程中充分利用古都资源，结合旅游发展的需要，将郑、汴、洛三大古都打造成中原文化之旅的主要载体，使古老都城成为现代化旅游城市，文化得到传播，旅游得到推动。

2. 融合产品社会效应好

河南文化旅游的发展起步于 20 世纪 80 年代末 90 年代初，2000年以来，全省立足河南丰富的文化旅游资源，以郑、沐、洛为核心，

将世界文化遗产、古都、历史文化名城、全国重点文化保护单位组合起来，旨在打造中原精品文化旅游线路，"三点一线"旅游产品一度成为河南旅游的名片[234]。随后，全省各地积极整合文物、教育、旅游等不同部门的相关文化资源，形成了大批文物景点。诸如龙门石窟、开封山陕甘会馆、登封嵩阳书院、叶县县衙、新郑郑韩故城、郑王陵、三门峡虢国博物馆、洛阳东周"天子驾六"车马坑、南阳府衙、内乡县衙等文化内涵丰富、具有较高品位的文化景点，这些文化旅游景点已经成为河南省文化旅游业的重要组成部分。河南文化旅游的龙头景区洛阳龙门石窟和嵩山少林寺在全世界范围内具有广泛影响力。开封清明上河园、新郑黄帝故里等景区景点也以其独特的历史文化背景和别具一格的看点而著称于海内外。《风中少林》《禅宗少林·音乐大典》《大宋东京梦华》等大型演艺项目等，大大提高了全省旅游的文化品位，成为河南文化旅游的新名片。

3. 运营融合成功尝试

如何使旅游产业和文化产业的资源得到融合，打造成功融合产品，这需要在产业融合的过程中进行运营融合，从而释放两类资源的吸引力，强化文化旅游产品的营销效果[235]。河南拥有深厚的历史文化资源，且年代久远，对这些资源的认知与理解需要一定的文化素养和知识储备，否则其吸引力无从彰显[235]。如何能使阳春白雪的文化内涵被大众所认识和接受，就需要文化产业的帮助，文化产品的包容性，文化传播的快捷性，文化受众的广泛多元性，都使得其与旅游产业的发展有着难得的契合点，进而带动旅游业和文化产业获得双赢的发展[235]。

4. 历史文化和社会文化类旅游产业

目前，河南文化旅游产业可分为历史文化类旅游产业与社会文化类旅游产业两大类[234]。历史文化类旅游产业主要包括由物质性历史文化资源为主体开发出来的景区、景点、博物馆、纪念馆和由非物质文化遗产资源开发的历史文化园、历史名人园、历史文化主题公园、历史文化类博物馆等。前者典型代表为少林寺、龙门石窟等。后者典型代表为清明上河园[233]，这类旅游资源开发主要由旅游产业组织运营[233]。社会文化类旅游产业主要包括三种类型：以民族或都市民俗旅游点等为主的民俗文化旅游类景点，典型代表有淮阳太昊陵庙会、濮阳杂技和周口杂技等；以定点实景剧场、主题公园、地方特产购物街等为主的休闲娱乐旅游类产业，典型代表如《大河秀典》《大宋东京梦华》《禅宗少林——音乐大典》等[236]；以武术馆、美术馆、地方文化展览馆、民间工艺场所等为主的社会文化设施类产业，典型代表为河南省博物院、虢国博物馆等，以上三类都是由社会文化类旅游资源开发出来的文化旅游产业组织运营[233]。

5. 目标清晰，产品多

河南省文化和旅游厅成立之初就规划了清晰的蓝图，以文化创意为依托，以全域旅游为主体，以品牌建设为重点，以"文化+""旅游+""互联网+"为平台，培育优质的文旅产品，满足更多的消费新需求[235]。全力打造的"老家河南""中国功夫"两张牌和中华古都游、中国功夫游、中原山水游、黄河丝路游等4条精品旅游路线[234]。文化产业在文旅深度融合进程中转型升级，文旅融合成为助推河南高质量发展的新引擎[233]；文化产业高质量发展稳步推进，文化产业及相关产业增加值连续5年保持9%以上的增长率[233]；"老家河南"品牌在国内外市场影响力持续扩大，整体形象不断凸显[235]；文化遗产保护有序展开，50处文保单位入选第八批全国重点文物保护单位[233]；加强与"一带一路"沿线国家和地区的文化交流，效果显著；文艺创作精品纷呈，越来越多的河南故事走向全国、走向世界[233]；农村精神文明建设呈现出积极、健康、向上的发展态势，和谐有序文明乡风正在形成[233]；主题公园蓬勃发展，产生较好的经济效益；乡村文化旅游从单一到多样，涵盖多种文化形态；特色小镇建设取得了较大进展[233]。

6. 存在的问题

（1）缺乏大局思维。河南是具有丰富文化旅游资源的人文大省，但目前河南的文化旅游产业发展与其资源现状不匹配，文化旅游业没有形成较为成熟的产业。河南省旅游文化产业发展模式整体比较老套，组织经营不够灵活，企业同行之间关系松散，没有严密统一的组织管理和行业规范[234]；各地区旅游资源区域思路狭窄、视野短浅，没有进行过行业产业在地区的整体分布和特点，导致很多类似景点雷同甚多，或者就是重复建设，没有统一的组织管理和专业设计[234]。

（2）开发、经营方式落后。由于行业之间缺乏必要的交流沟通，对行业资源开发的先进技术和手段缺乏了解，开发经营方式，实现科学化、数字化管理的路途还非常漫长[233]。由于市场机制不健全，企业多数处于低水平、小规模、粗放型的经营状态，无法形成完整的产业链和旅游圈[234]；开发项目规模小、特色不明显、开发视觉不宽广、包装策划层次低等，导致很多旅游文化资源要素得不到市场认可，无法形成特色产品，吸引消费者前来[234]。

（3）文化内涵挖掘不足，旅游产品不丰富[233]。文化丰富、历史悠久是河南省旅游产业的一大优势，但在旅游产品的开发和挖掘程度上，却远远落后于其他地区[233]。一方面，产业缺少创意附加品，仅仅是对古老文化的传承和利用，缺乏与旅游结合[234]；另一方面，省内旅游开发集团内部盲目模仿，无序竞争，导致某些特色文化逐渐失去特色，流于一般，不被重视[233]。另外，管理体制有待健全，宣传力度有待强化。

二、河南文旅融合定位与理念

河南省基于深挖历史资源进行文旅融合。河南省人文资源突出，涵盖范围极广，目前的文旅融合产品社会效益好、反响大，产品内容丰富且发展目标清晰。其主要定位与理念如下：（1）政府主导，政策扶持；（2）产业全业态化，发展态势迅猛；（3）产品品牌化、主题化；（4）景区智慧化、数字化；（5）以文化故事、历史遗产赋能旅游。

三、案例

1. 淮阳区文旅融合的案例

（1）淮阳历史文化底蕴厚重，旅游资源得天独厚[236]。这里不仅有伏羲文化、农耕文化、姓氏文化、儒家文化等大量传统文化元素、符号、手工艺等，还有"城中有湖、湖中有城"的龙湖国家湿地公园，拥有万亩水域"生态名片"[236]。

（2）北方水城品牌。"抬头即胜景，低头有碧波。这在北方城市中比较少见，淮阳不愧是文化古城、北方水城[236]。"近年来，淮阳区本着"宜融则融，能融尽融"的原则，多渠道进行文旅融合发展探索，用文化的养分滋养旅游，用旅游的载体繁荣文化，城乡处处好风景[236]。

（3）文化丰富、线路多。着力挖掘伏羲文化、龙文化、荷文化、非遗文化等，在丰富景区景点文化内涵上下功夫[236]。例如，"一陵一湖一古城、二老三皇享盛名、四冢五墓六公祠、七台八景湖中映"的"数字淮阳"、太昊陵、龙湖湿地公园科普馆系列，以及近20条主题旅游线路辐射多处景点[236]。

（4）提升城市品质品位。新建或改造街头公厕、街头游园、垃圾中转站等公共设施，依托中心城区设施和重点景区，培育观光游憩、文化体验、特色餐饮、时尚购物等旅游经济产业，进一步丰富居民和游客的愉悦感[236]。

（5）打造乡村兴旺文旅模式。结合民间流传的"包公下陈州""紫荆复生""范丹借粮""鲁台望乡"等故事，挖掘民间文化，开发乡村游品牌[236]。特别是李之龙革命活动旧址、抗日英烈纪念馆、薛朴若纪念馆等红色旅游线路，集革命传统教育、中华民族美德教育、历史人文教育、现代成就展示于一体，为革命老区经济持续健康发展提供源源不断的动力[236]。

（6）非遗传承。结合村史文化，加强非物质文化遗产传承保护，通过非遗展示、戏曲歌舞、体育比赛等活动，实现传统文化创新发展与旅游服务融合建设，打造基层特色文化品牌[236]。如白楼镇的打花棍，新站镇的高跷，曹河乡的竹马、旱船，王店乡的担经挑，豆门乡的舞狮等，让乡村生活的文化味儿浓起来[236]。

（7）淮阳品牌。对于"泥泥狗""芦苇画"等淮阳元素的非遗系列产品，则提供良好的创作环境，推动创意设计、包装和推介，将其转化为文化旅游商品，提升品牌价值，开发出一批特色鲜明、制作精美的"淮阳品牌"[236]。

以中原独特文化为底色、秀美绿地水系为引擎，文旅融合注活力，城乡居民享红利，古城淮阳吸引力日显[236]。央视播出的《中国影像方志》《记住乡愁》第六季、自然遗产日《文物赋彩　全面小康》等节目中，淮阳多次上榜高颜值网红城市名单，成为游客观光谒祖的重要打卡地[236]。

2. 灵宝市文旅融合的案例

灵宝市的文旅融合包括以下方面：灵宝市成功申报秦人码头为"河南省夜间文旅消费集聚区"；灵宝城烟遗址入选"河南 2019 年度五大考古新发现"；顺利通过河南省现代公共文化服务体系建设绩效考核；成功申报尹庄镇为"河南省民间文化艺术之乡（道情皮影、民间艺术制作）"；新增 4 个"河南省乡村旅游特色村"、3 个"三门峡市特色旅游生态示范镇"、5 个"三门峡市乡村旅游特色村"、1 个"三门峡市乡村旅游创客基地"；在第三届"美丽三门峡"系列群众文化活动之"舞动崤函"舞蹈大赛和第三届三门峡市民营文艺团体戏曲大赛中荣获金奖；成功申报 3 个三门峡市级非物质文化遗产项目。

第八章　西南地区文旅融合实践

第一节　云南：
基于数字技术的文旅融合

一、七彩云南 旅游天堂

1. 云南省七彩文化与自然生态

云南多民族文化和多元性山川风景一直是宣传的重点，现在是，未来也一定是。云南的文化具有多元化特点：①自然文化。如石林、九乡溶洞、土林、普者黑山水、西双版纳热带雨林、苍山洱海、玉龙雪山、梅里雪山等。②古镇文化。如大理古城、丽江古城、独克宗古城、建水古城、巍山古城、会泽古城、沙溪古镇、和顺古镇、光禄古镇、团山古村等。③民族文化。云南有 25 个少数民族（其中白族、哈尼族、傣族、傈僳族、佤族、拉祜族、纳西族、景颇族、布朗族、普米族、阿昌族、基诺族、怒族、德昂族、独龙族这 15 个民族为云南所独有），这些民族的语言文字文化、服饰文化、建筑文化、歌舞文化、酒文化、婚俗文化等文化形态，通过景区、节庆活动等载体不断显现。④历史文化。古滇文化、爨文化、南诏文化、大理国文化等，有些历史文化已得到充分的展现，有些还有待挖掘。⑤非物质文化遗产。云南的非物质文化遗产众多，有民间文学、民间音乐、民间舞蹈、传统戏剧、曲艺、民间美术、传统手工艺、民俗等，部分门类已融入旅游的环节中去。⑥名人文化。云南历来人杰地灵，名人众多，如庄蹻、郑和、段正淳、袁嘉谷、唐继尧、龙云、廖新学、周保中、熊庆来、艾思奇、周善甫、关肃霜、聂耳等。⑦气候文化。云南多数地区四季如春，在寒冷的冬季可以看到鲜花不败，在夏季仍享受着春天的凉意，甚至在藏区可以看到皑皑白雪。这种立体性气候全国罕见，在世界也不多见。

2. 以国际化、高端化、特色化、智慧化为方向

"十三五"期间，云南省文旅行业以习近平新时代中国特色社会主义思想为指导，贯彻落实习近平总书记考察云南重要讲话精神，聚焦全面建成小康社会总目标和对云南"三个定位"的要求，立足于满足人民群众日益增长的美好生活需要，按照省委省政府建设最美云南、打造"三张牌"等决策部署，坚持以国际化、高端化、特色化、智慧化为方向，加快文化建设，推进了旅游产业的转型升级[237]。全省文化和旅游工作在改革中前行，在创新中出彩，在推进文旅融合中取得积极成效。依照"国际化、高端化、特色化、智慧化"方向和"云南只有一个景区，这个景区叫云南"理念，促进文旅融合，发展全域旅游，持续深化"整治乱象、智慧旅游、提升品质"旅游革命三部曲[237]。2020年，云南省文化事业繁荣发展，艺术创作、公共文化、文物与博物馆、非遗保护领域成果丰硕[237]；旅游目的地品牌创建实现新突破；旅游市场秩序持续好转，"30天无理由退货"成为诚信云南新标志；"一部手机游云南"功能不断拓展，打造智慧旅游新标杆[237]；大滇西旅游环线和半山酒店建设稳步推进，旅游文化产品业态新体系构建蹄疾步稳，"七彩云南旅游天堂"品牌更加深入人心[237]。

3. 着力打造文旅融合重点示范项目

当前，云南省已推出80条精品非遗体验线路和10条乡村精品旅游路线[237]；建成省级文创园区37个、文化产业示范基地28个，建水紫陶文化产业园进入全国首批10个国家级文化产业示范园区创建单位[237]；成功打造"云南映象"等41项精品旅游演艺节目，举办46项国际性文旅活动和100多项体育旅游赛事活动[237]。同时，统筹资源规划，推进"非遗、文物、博物馆+旅游"，抓好红色旅游示范项目、6大遗址公园、8种博物馆集群和6个博物馆群落建设，用文化丰富旅游产品供给。

二、云南文旅融合定位与理念

云南省基于数字技术的文旅融合[237]。重点以数字技术为手段，文化数字化为切入口，联合腾讯公司推出"一部手机游云南"智慧平台，以数字技术创新旅游服务、管理、营销和体验，推动互联网、云计算、大数据、人工智能同文化旅游实体经济深度融合[237]。其主要定位与理念如下：（1）政府主导，民间资本参与；（2）产业全业态化；（3）产品品牌化、主题化；（4）景区智慧化、数字化；（5）以民族文化、历史遗产赋能旅游；（6）乡村旅游与扶贫融合。

三、案例

1. 艺术创作繁荣公共文化服务惠民

"十三五"期间，云南省深入开展"云南省公共文化服务体系建设补短板三年行动计划"，基本实现省、州（市）、县（市、区）、乡（镇）、村（社区）五级公共文化服务设施网络全覆盖[237]。滇西抗战纪念馆、云南省博物馆等一批重大文化基础设施相继建成投入使用[237]。全省共有影院 336 家、屏幕 1423 块，129 个县（市、区）均建有数字影院[237]。

（1）公共文化服务体系逐步完善。截至 2019 年底，全省共有公共图书馆 151 个、文化馆 149 个、美术馆 4 个、非遗中心 27 个、乡镇文化站 1445 个、村级综合性文化服务中心 13442 个，实现五级公共文化服务设施网络全覆盖，并向自然村延伸，有效提升了公共服务标准化、均等化水平[238]。文化惠民常态推进，举办"奋斗杯"云南省群众文艺作品大赛、"建设者之歌"、农民工文化节、"彩云奖"等系列群众性文化活动[238]，开展"文化大篷车·千乡万里行""彩云之南等你来"夜间文艺演出等惠民演出活动，完成惠民演出 48283 场，观众人数达6000 余万人次，增强了基层各族群众的获得感和幸福感[237]。

（2）艺术创作进一步繁荣。围绕全面建成小康社会、脱贫攻坚、乡村振兴、抗击疫情等主题，云南省新创、原创大型舞台艺术作品 50余台，创作了《农民院士》《流芳》等一批文艺精品剧目，维西县傈僳族《瓦器器》获得第十七届全国"群星奖"[237]。云南省入选"中国文化艺术之乡"20 个，命名"云南民间文化艺术之乡"26 个[237]，先后成功举办第十二届全国舞蹈展演、云南省新剧目展演、云南省花灯滇剧艺术周等重大文艺活动[237]。

2. 文化产业集聚效应日趋增强

"十三五"期间，云南省文化产业生机勃勃，新型文化企业、文化业态、文化消费模式不断涌现，乘着互联网东风，结合文化产业"数字+"模式，现代文化产业体系日益完善[237]。云南文化产业不断传承和发展着云南优秀文化，塑造了全新的云南美好形象，为云南经济社会发展提供源源不断的强劲动力，为云南民族文化强省建设注入生机与活力[237]。

2019 年 5 月，第十五届中国（深圳）国际文化产业博览交易会在深圳会展中心拉开大幕，云南展团 43 家独具代表性的重点文化企业集体亮相，创下历届参展规模之最[237]。在深圳文博会 2019 云南文化产业重点项目推介会上，多个项目现场签约，最大签约金额达 120 亿元[237]。

走进环境优美的紫云青鸟云南文化创意博览园，陶艺、刺绣、茶艺等独具云南特色的"金、木、土、石、布"产业一应俱全[237]。园区自 2015 年获得"云南文化创意博览园"称号以来，入驻企业从 20 多家增长到如今的 160 余家，产值跨入 10 亿元门槛[237]。依托云南自贸区建设红利，园区正积极推动文化产业转型升级，以"互联网+文化+科技"的产业发展路径，催生云南文化新业态[237]。

文博会上的"云南现象"，各大文化产业园区的欣欣向荣，体现出云南省现代文化产业体系政策支撑的逐步完善、集聚效应的日趋增强[237]。2018 年末，全省特色文化及相关产业增加值 686.02 亿元，占全省 GDP 比重 3.3%；全省旅游文化产业增加值 2111.16 亿元，占 GDP 比重 10.1%[237]。2019 年，云南报业传媒（集团）、云南出版集团、云南广电网络集团、云南广电传媒集团 4 户省属国有文化企业总资产为252.43 亿元，营业收入 88.07 亿元。金彩影业、骏宇文博、天游科技等文化企业在新三板挂牌[237]。以省属国有文化企业为主体、民营文化企业为重要补充、多种所有制文化企业共同繁荣发展的新局面初步形成[237]。以"金木土石布"为核心的民族民间工艺品特色产业得到大力发展，建水紫陶、鹤庆银器、个旧锡器、剑川木雕、开远根雕等具有浓郁地方特色的民族民间工艺品年产值均在 10 亿元以上，大幅增加了农村群众收入[237]。以云数传媒公司输出中国 DTMB 技术标准、《吴哥的微笑》旅游演艺项目、金边中国文化中心为代表，云南文化企业成功走向南亚和东南亚国家。全省累计有 22 家企业入选国家文化出口重点企业，26 个项目入选国家文化出口重点项目[237]。昆明市成为"国家文化出口基地""国家文化和科技融合示范基地"[237]，云南文博会、七彩云南赛装文化节等成为云南文化产业的重要展示窗口和交易平台[237]。

3. 创新民族文化与旅游融合成绩亮眼

在"2020 云南民间故事展演"活动中，拉祜族史诗演唱《牡帕密帕》等精彩节目轮番登台，鲜活的非遗文化展示让观众对云南民族文化、非遗等产生了浓厚兴趣[239]。

"十三五"期间，云南省文化遗产保护利用成效显著。全面贯彻"保护为主、抢救第一、合理利用、加强管理"的工作方针，提高保护传承水平，推动优秀文化创造性转化和创新性发展[239]。景迈山茶林文化景观申报世界文化遗产取得重大突破，文旅部和国家文物局已将其列为申报 2022 年世界文化遗产首选项目[237]。截至目前，云南有世界文化遗产 2 项（正在申遗 1 项）、世界自然遗产 3 项、世界记忆遗产 1 项；全国重点文物保护单位 170 项，可移动文物 42 万件套、78 万多单件[237]；国家级和省级历史文化名城（镇、村、街）91 处，中国传统村落 708 个[240]；国家级非遗代表性项目 105 项，代表性传承人 125 人，"傣族剪纸"和"藏族史诗《格萨尔》"两个项目入选联合国教科文组织《人类非物质文化遗产代表作名录》，14 个传统技艺入选第一批国家传统工艺振兴项目[240]；成功创建 2 个国家级文化生态保护区、85 个省级民族传统文化生态保护区，命名了 28 个云南省非遗保护传承基地，4 家传承人企业列入国家非遗生产性保护示范基地，大理州"非遗进校园"实践案例入选全国第二届"非遗进校园"十大优秀案例，2 个文物行政执法案例入选"第三批全国文物行政执法指导性案例"[239]；博物馆事业也蓬勃发展，推进实施"云南博物馆群建设计划"，目前全省共有备案博物馆、纪念馆 157 家[240]。

云南省推动文旅融合发展成绩亮眼，石林借鉴彝族《阿诗玛》的文化元素和影响力，成功打造了石林阿诗玛文化旅游品牌[240]；红河深入挖掘哈尼族梯田农耕文化内涵，构建起多层次旅游品牌等[240]。云南省民族文化与旅游的结合日益加深，已建成大理周城村、腾冲和顺古镇、临沧翁丁村等多个旅游特色村和民族特色村寨，成为民族地区乡村振兴的靓丽底色[240]。

第二节　贵州：
产业园区化的文旅融合

一、文艺演艺和文化旅游产业园区化

1. 打造文化产业园区，搭建文旅融合的平台载体

文化产业与旅游产业具有天然的可融合性，文化为旅游产品注入文化内涵，旅游产业为文化产业提供市场[241]。随着近年来旅游消费理念的升级，旅游消费者已不再满足于浅层次的观光游览型旅游产品，更多地青睐于具有丰富文化内涵和体验的文化旅游产品[241]。针对旅游市场的变化，贵州发挥自身文化资源优势禀赋，深入挖掘旅游文化内涵，打造特色文化旅游产品，积极推动旅游产业与文化产业深度融合[241]。主要表现为：一是打造各类文化产业园区（基地），搭建文旅融合的平台载体。贵州以"十大文化产业园""十大文化产业基地"项目建设为载体，积极推动文化与旅游产业融合发展[241]。目前，已有多家产业园（基地）已建成并投入运营，例如贵阳数字内容产业园、黔西南民族文化产业园、贵阳会展基地、贵州（凯里）民族民间工艺品交易基地、贵州日报报业集团印务传媒研发基地、多彩贵州城、黔中

国际屯堡文化生态园等[241]。

2. 打造精品文化旅游线路、商品、民族文化演艺项目

打造精品文化旅游线路和文化旅游商品，丰富旅游产品的文化内涵[241]。目前贵州已形成了以观赏喀斯特自然风光和多民族文化为主题的多条精品文化旅游线路和文化旅游产品，此外还先后举办了各类文化旅游节庆活动[241]，例如"中国原生态民族文化旅游节""中国贵州乡村旅游节"等。打造民族文化演艺项目，培育文化旅游品牌[242]。目前贵州已形成了《多彩贵州风》《依依山水情八音坐唱》《神秘夜郎》《古韵镇远）等为代表的文化演艺品牌，其中民族歌舞诗《多彩贵州风》自 2005 年在贵阳首场演出以来已演出了近 1800 场，已经成了贵州对外宣传的文化旅游名片[242]。

3. 创建文化产业示范基地，培育文化产业市场主体

贵州自 2012 年开展文化产业示范基地创建以来，截止到 2017 年 2 月共有 53 家企业创建成功。2020 年，贵州省委、省政府《关于推动旅游业高质量发展加快旅游产业化建设多彩贵州旅游强省的意见》明确指出，加快完善旅游产业链[242]。优化旅游发展布局结构，整合跨区域资源要素，加快旅游产业集聚发展，推进城乡区域协调发展[242]。以项目支撑旅游业高质量发展，按照"12345"产业链推进模式，推动"双千工程"在旅游业深度融合，实现工作链、产业链、价值链"三链合一"，强化龙头企业、专家团队、基金支持、人才保障"四位一体"，推动旅游与一、二、三产业融合发展，催生新业态，延伸产业链，形成新的增长点和增长极[242]。

二、贵州文旅融合定位与理念

贵州省基于产业园区（基地）化进行文旅融合。贵州省近年来充分发挥自身资源优势深入挖掘文化内涵，打造一系列特色旅游产品，建设一系列文化产业园、会展基地、文化生态园等，丰富旅游产品文化内涵。其主要特征有：（1）政府主导，民间资本参与；（2）产业全业态化；（3）产品品牌化、主题化；（4）景区智慧化、数字化；（5）以文化赋能旅游；（6）乡村旅游与扶贫融合。

三、案例

土河村位于习水县桑木镇，是习水县以"党政主导、公司搭台、农民自主经营、利益链接分红"为经营模式，推动乡村旅游转型升级和文化旅游扶贫的示范点。土河村作为习水县城"后花园"，围绕产城互动、文旅融合发展，培育乡村旅馆 5—8 家，星级农家乐 5 家，发展床位 200 个，餐位 300 个，特色农产品经营网店 3—5 处，2017 年旅游接待量 15000 人次。截至 2018 年 12 月，土河村村民人均年收入达 11210 元，是全县贫困人口人均纯收入的 1.6 倍，超出全县农村人均可支配收入 718 元。土河村先后获得了"中国少数民族特色村寨""中国少数民族法治示范村""贵州省民族团结进步模范集体""遵义市脱贫攻坚先进集体"等 10 多项荣誉称号。

荷塘苗乡建于 2012 年，2017 年正式对外开放，2018 年完成提档升级。景区着力旅游景观打造，推进全域景观化，总投资 3793.33 万元，总规划面积 9180 亩。2018 年，景区整体收入 67 万元，接待游客量 13.5 万人，民宿入住率达到 85% 以上。其中，民宿客栈、令杆酒、苗药木桶浴、苗绣坊等业态备受游客关注。荷塘苗乡景区旅游业的发展，带动了整个村的经济发展，又解决了乡村"老龄化、空壳化"的问题，促进了乡村的振兴发展。

第三节　四川：

基于动漫游戏、影视和文创突破的文旅融合

一、补齐短板，在影视、游戏动漫和文创上提档升级

1. 四川文化旅游事业迎来黄金发展期

四川省文化旅游事业迎来了黄金发展期，面临政策环境更加优化、大市场正在加速形成、要素驱动更加多元的重大机遇[243]。只要把握阶

段特征，充分发挥优势，抢抓发展机遇，加快补齐短板，就一定能够开创四川文旅大发展大繁荣的新局面[243]。

2. 在影视、游戏动漫和文创上突破文旅融合

四川省各市州的景区纷纷推动文旅深度融合发展。阆中实施特色挖掘与产业培育工程，依托阆中人文资源和自然资源，打造特色人文、住宿、美食、商品等特色产业，提供个性化的特色服务[243]。坐拥杜甫草堂、金沙遗址、宽窄巷子等优质旅游资源的成都青羊区，一是对各大景区进行全方位的提档升级[243]；二是加强推进"旅游+"融合发展，加快发展创意设计、音乐影视、文化旅游、文博体验产业[243]。三星堆邀请国内外著名专家参与考古发掘研究，让三星堆与金沙遗址共同申请世界文化遗产，并争取在电影、电视、手机游戏、动漫以及文创上有所突破，成为文化旅游的高地[243]。

二、四川文旅融合定位与理念

1. 文旅融合与惠民举措相结合

据调查，节日期间，成都各大博物馆均推出了一系列惠民服务活动。四川博物院的"琴·心——四川博物院藏古琴展"吸引大批外地游客前来参观，蜀派古琴代表"石涧敲冰"成为观展游客的"打卡"文物[243]。成都金沙遗址博物馆借"太平有象——明清牙雕艺术展"免费开放的契机，吸引游客参加"拯救小象 EMMA"及"湿拓画"社教活动，并聆听"当中国人遇到象牙"讲座[243]。成都杜甫草堂博物馆免费向游客分时段、定点提供义务讲解服务。据统计，2019 年端午期间，金沙遗址博物馆接待游客 2.6 万人次，杜甫草堂博物馆接待游客 2.83 万人次，武侯祠接待游客 2.84 万人次[243]。

2. 发展红色旅游，拓展各方市场

四川红色旅游渐受追捧，越来越多的人把红色景区、名人故居作为全家游和亲子游的主要目的地[243]。据调查，2019 年端午期间，四川省红色旅游景区纷纷推出"红色+"旅游套餐，"寓教于游"，有力吸引了游客[243]。为更好地利用这些红色资源，2019 年初，四川省红色旅游工作协调办公室宣布了 2019 年四川重点实施红色旅游的"九大

行动"[243]，即红色旅游精品打造行动、红色旅游教育功能推进行动、红色旅游融合发展推进行动、红色文化内涵挖掘行动、红色旅游扶贫富民促进行动、红色旅游基础设施与公共服务设施建设提升行动、红色旅游宣传营销与市场开发行动、红色旅游资源创新保护行动、红色旅游人才培育行动，力争 2019 年全省红色旅游接待人数突破 1.2 亿人次，红色旅游总收入超过 610 亿元[243]。非遗的植入使旅游内涵更丰富，也使旅游方式有了多种可能，改变了过去"下车拍照、上车睡觉"的旅行模式[243]。

3. 打造非遗文化之旅

四川推出的 10 条"非遗之旅"路线，以非遗传习所、非遗体验区和非遗体验基地为载体，与知名景区、旅游服务、旅游体验融合，迅速进入了游客的旅游项目"菜单"[243]。此外，为增强地方旅游的吸引力，四川还鼓励各地挖掘民俗和传统节庆文化内涵，推动传统节日振兴，实现了"自贡灯会""彝族火把节""羌年"等非遗项目在全球知名度和影响力的提升，成为当地文旅融合的范例[243]。

三、案例

四川的旅游资源与文化产品供给都十分丰富。目前，四川的国家 A 级景区数量已超 500 个，其中以文化资源为主或包含文化资源的景区不在少数，博物馆、纪念馆及文化遗产、文物保护单位拉动四川省 2018 年旅游收入 5000 亿元左右，不少文物保护单位和文化遗产已经成为大众的旅游目的地。

第四节 西藏:
图文、人物雕塑、VR技术等支撑的文旅融合

一、以丰富多彩的形式展示西藏历史文化、自然风光

西藏自治区地域辽阔,与其他四省藏区有着紧密的文化联系[244]。区内各地文化资源特色鲜明,日喀则的后藏文化、昌都的康巴文化、那曲的草原文化、阿里的古格文化、山南的雅砻文化、林芝的部落文化、拉萨的卫藏文化等[244],是西藏牧区、农区、边境、腹心等不同地域在历史、人文、自然、生态等背景下逐步形成的区域特色[244]。深度挖掘这些区域的文化特征、非遗项目、历史故事等,形成鲜明的区域定位与品牌形象,加强与其他四省藏区的协调合作[245],根据不同地区、不同城镇、不同村落的发展现状、区位条件、资源禀赋等,进行"一对一"有针对性的打造,制定完整的保护、开发、利用、发展策略,以历史图片、文字、实物、人物雕塑、VR技术等丰富多彩的形式,展示着西藏的历史、文化与人物故事[244]。真正实现西藏地区文旅深度融合发展。建设重要的世界旅游目的地和"地球第三极"旅游品牌。

二、西藏文旅融合定位与理念

1. 改善民生,丰富西藏人民文旅生活

以藏族文化为特色的西藏文化,内容丰富、博大精深。在发展地域优势特色文化的基础上,可以最大限度地利用好、保护好已有的和潜在的旅游资源,从而推动文化事业、文化产业和旅游产业的融合发展[245]。这不但拉动了西藏的旅游经济,而且丰富了当地群众的生活。强化县区艺术团发展的制度和资金保障[244],全区各级开展惠民演出近7400场次。非遗传承保护持续加强,贝叶经保护利用、布达拉宫古籍文献项目有效实施,新增15处全国重点文物保护单位[245]。群众文体

设施不断增多，活动持续丰富。确保县级艺术团有足够的排练场所，推进乡村演出队建设[244]。

2. 富民兴藏，提升西藏区域经济

藏族服饰、藏式建筑、藏族歌舞、藏式饮食等都是宝贵的文化资源[244]。青藏高原壮丽辽阔的山脉湖泊，与垭口悬挂的五彩经幡、湖边垒起的玛尼堆交相辉映，是西藏自然风光与文化元素的完美融合[244]。在西藏林芝市，受益于鲁朗小镇的建设，周边的扎西岗村、罗布村、东巴才村的群众越来越多地投入旅游服务中，藏家乐、藏餐、藏式民宿等有着浓郁文化色彩的旅游形式成为鲁朗人脱贫致富的重要渠道。推进景区"五通四有"工程[244]，推动旅游业从门票经济向全产业链转变。降低游客进藏成本，提高便利性，加大红色旅游资源开发利用。深化文旅融合，发展文创产业，培育"旅游+"新业态[245]，力争旅游接待量超过 4700 万人次，收入超过 600 亿元[245]。

3. 交流宣传，西藏同胞与各族人民交流交融

挖掘、整理西藏自古以来各民族交往交流交融的历史事实，以群众喜闻乐见、通俗易懂的方式来宣传和讲述，让旅游的过程成为文化传播与推广的过程，让各族群众看到民族的走向和未来，深刻认识中华民族命运共同体，是西藏文旅融合的重要发展方向[246]。以文成公主入藏和亲为主题的大型实景剧《文成公主》已在拉萨成功演出千余场，还原了汉藏民族文化与经济社会相互交流融合的历史故事[246]。以西藏抗英传奇宗山堡为背景的实景剧《江孜印迹》，不仅展示了众多西藏非遗艺术，而且用生动的故事情节讲述了江孜人民反抗英国侵略、维护祖国统一的英雄事迹。西藏博物馆历时五年扩建改造，即将呈现更多更精彩的展览[246]。清政府驻藏大臣衙门、朗孜夏、根敦群培纪念馆等，也以历史图片、文字、实物、人物雕塑、VR 技术等丰富多彩的形式，展示着西藏的历史、文化与人物故事[246]。推进新时代文明实践中心建设，夯实基层文化阵地，加快补齐基层新华书店建设短板[246]，加快推进西藏自然博物馆、美术馆、文化广电艺术中心建设，推进城乡区域文化公共服务均等化[246]，深化"四讲四爱"教育实践活动。

三、案例

1. 西藏与周边省区讲好"高原丝绸之路"的故事

四川省与西藏自治区的旅游工作者、文化工作者，一同携手做好高原丝绸之路这个题目，讲好"高原丝绸之路"的故事。在高原丝绸之路的旅游开发过程中，要把非遗和文物结合起来，让文物可以活起来，可以讲故事。沿着高原丝绸之路的节点，以非遗建设展示方式，建立非遗旅游景区，让游客真正体验到西藏旅游文化的魅力。茶马古道是一条商道，也是民族融合、民族团结之路，更是一条民族文化的传播之路，各个民族在此交往交流交融。西藏自治区旅游发展厅将会开发其在文旅方面的多重价值。西藏自治区旅游发展厅将立足西藏旅游服务升级，深化"地球第三极"品牌打造，在文旅融合的旅游新模式下不断探索，利用高原丝绸之路将西藏旅游资源和文化资源进行完美融合，努力提升西藏旅游的吸引力，创造出独特的西藏特色旅游发展之路[246]。

2. 西藏民族物质文化生活极大改善

达东村已成为拉萨群众"林卡文化"的好去处。羊八井、德仲温泉不但吸引着各地游客，而且吸引着大批西藏群众前去康养休闲[246]。文旅融合发展需要大量基础设施建设作为支撑。拉林高等级公路全线贯通，拉萨到林芝车程 4.7 小时，除川藏线自驾游外，更为区内群众的出行提供了极大便利[244]。2020 年初，国道 318 线西藏段升级改造工作全面启动。同时，传统节日、民间戏曲、民族手工业等都得到了保护和传承，区级非遗代表性项目已公布至第五批，共有 460 个项目成功入选《西藏自治区非物质文化遗产名录》[246]。目前，西藏已建成区、市、县、乡四级公共文化设施网络，实现各地市有图书馆、群艺馆和博物馆，各县有综合文化活动中心，各乡有综合文化站[244]。

第五节　重庆：
市场主导、产业体系化的文旅融合

一、建成具有国际吸引力和竞争力的旅游目的地

1. 打造国际品质的文化旅游示范区和特色线路

重庆是一座历史文化名城，孕育了深厚的文化积淀、丰厚的文化底蕴、多彩的文化和旅游资源[247]。同时，重庆集大城市、大农村、大山区、大库区于一体，高质量协调发展任务重[247]。

目前，重庆的旅游以建设文化强市、打造世界知名旅游目的地为目标，以融合发展为主线，践行新发展理念，抓大文旅促品质化，统筹保护好自然生态和历史文脉，以大文旅增强城市发展能级、提高人民生活品质[247]。与此同时，积极融入"一带一路"、西部大开发和长江经济带建设，推动文化旅游引进来、走出去；着力培育文化旅游特色品牌，打造一批具有国际品质的文化旅游示范区和特色产品线路[247]；充分发挥文化旅游的聚集辐射功能，致力建成具有国际吸引力和竞争力的旅游目的地，以此助推重庆在国家区域发展和对外开放格局中发挥更大作用[247]。

2. 以重大项目、特色线路带动文旅产业发展

已经有 8 个文旅融合发展重大项目落户重庆，总投资超过 1000 亿元。其中，投资 50 亿元的重庆华侨城山地欢乐谷，2017 年 6 月开园[248]；投资 550 亿元的万达文旅城在大学城开工，将建设多业态的文化旅游综合体[248]；投资 28 亿元的解放碑时尚文化城已于 2016 年 8 月开工建设，将围绕 24 小时书城和各国文化主题布局休闲旅游产业；引进美国六旗集团投资 300 亿元打造的六旗乐园，于 2017 年建成开园[248]。同时，重庆市还将加快建设綦江古剑山艺术村、荣昌陶文化创意产业园、花木世界等一批特色文化产业集聚区[248]。重点对渝中区十

八梯传统风貌区、湖广会馆及东水门历史文化街区、南岸区慈云寺—米寺街—龙门浩历史文化街区、巴南区木洞传统风貌区、丰盛历史文化名镇 5 条传统风貌区实施全面保护和整体恢复[248]。此外，结合五大功能区域的战略定位、资源禀赋和文化旅游特色，各区域的文化旅游产业将差异、错位、协调发展[248]。其中，都市功能核心区重点打造两江四岸城市文化都市游，都市功能拓展区、城市发展新区重点打造文化主题公园、文商旅综合体，渝东北生态涵养发展区、渝东南生态保护发展区重点打造民族民俗风情旅游线[248]。

二、重庆市文旅融合定位与理念

1. 打造重庆文化名片

对国人而言，早期的旅游方式大部分以观光为主，因此要在粗线条游览的情况下突出重庆的城市特色，如感受红岩文化，游览解放碑、朝天门等，品尝特色美食，让游客深度感受重庆这座城市的魅力。同时，充分利用重庆市丰富的非物质文化遗产，发掘出更多文旅产品，与市场接轨，和重庆观光旅游相结合。

2. 整合文化资源融入区域旅游目的地

打好"三峡、山城、人文、温泉、乡村"五张牌整体谋划、统筹力量、整合资源、打捆推进，确保每张牌都有特色、有亮点、有影响，并把五张牌充分融入大都市、大三峡、大武陵三大特色区域旅游目的地中，突出特色、区域联动、精准发力[247]。

3. 整合重大文旅项目，提升文化实力

构建重大项目。联合重点推进一批资源品位高、配套条件好、市场潜力大、带动能力强的重大文化旅游项目[247]。做大做强世界温泉谷、长江三峡国际旅游集散中心、重庆都市旅游和立体四季气候康养四大项目集群，进一步增加文化和旅游的有效供给，提升文化和旅游的整体实力和竞争力[247]。

4. 强化宣传，培育高端文旅市场

强化文化旅游宣传推广，搭建"1+N+X"的旅游外宣平台，加强与亚太旅游协会、世界旅游业理事会等国际性旅游组织合作交流，充

分展示重庆城市形象，让重庆旅游全面融入国际市场[247]。同时，以演出、电影、文博、旅游等消费为重点，培育高人气、高活跃度的文旅消费大市场。

5. 建设红色文化教育基地

发展红色旅游，加强红岩革命纪念馆等革命传统和爱国主义教育基地建设，把红色资源利用好，把红色文化挖掘好，把红色基因传承好，逐步解决文化和旅游发展不平衡不充分的问题，实现文化和旅游的高质量发展[248]。

三、案例

1. 打造国际品牌的演艺产品

围绕提供优秀文化产品和服务、优质旅游产品和服务这一中心环节，重庆市原创舞剧《杜甫》首次走出国门，在韩国天安市艺术中心剧场上演，这也是重庆大型舞台剧第一次走出国门进行商业演出[248]。"丽人行"西安快闪推广活动，视频连续三天成为全国热搜，"丽人行" IP 裂变式曝光超 10 亿次[248]。杂技秀《魔幻之都·极限快乐 Show》开演，填补了重庆主城大型文旅驻场演出的空白，既完善城市功能、提高城市文化品位，又推动文旅融合发展[248]。

2. 行到三峡必有诗

《归来三峡》演出以中华诗词为主线、为根基，通过再现诗词创作意境，打造令人神往的诗意天地[249]。节目内容选取了李白、杜甫、刘禹锡、苏轼等诗人的 10 首诗词，诗人创作背景和诗词意境直观地呈现给观众，让观众在唯美诗意中领略长江三峡壮美的自然景观、巴蜀大地独特的风土人情和诗城奉节浓厚的文化底蕴，再现"行到三峡必有诗"的盛景[249]。演出地点位于奉节县白帝城瞿塘峡景区长江非航行水域，以高新科技为支撑，以诗为魂，以山水为体，让观众在欣赏表演的同时体验壮丽的自然景观，彰显奉节文化和地域特色，力抓用"生态"和"人文"两个法宝建设文旅名城[249]。

第九章　东北地区文旅融合实践

第一节　吉林：
延长产业链，差异化发展的文旅融合

一、差异化发展，拓展衍生产品链

延长产业链，提升文化和旅游互动效应，推动差异化发展，不断拓展衍生产品链，增强产业支撑；要拓展产业面，培育多元联动、纵横延伸的产业体系，打造点线连接、区块结合的产业发展格局[250]；要形成产业集群，引导文旅市场高质量发展，推动文旅产业要素集聚集约；要构建产业生态培育的全体系、大系统，生成具有较强市场竞争力和鲜明区域带动力的产业新模式和新格局[250]。

二、吉林文旅融合定位与理念

1. 惠民、安全、文明、诚信

2019 年中国旅游日主题为"文旅融合，美好生活"。吉林省通过宣传文旅融合发展成果，围绕"惠民、安全、文明、诚信"四个理念，推出了一系列公益惠民举措，宣传文明旅游、安全旅游、诚信经营，营造浓厚的舆论氛围，助推吉林省文化旅游发展[251]。例如 2019 年 5月 19 日至 20 日，长影乐团青少年交响乐团和一汽集团共同演绎了《我和我的祖国》致敬建国 70 周年文艺节目。吉林省文旅部门领导，共同为"不忘初心，再续长征路"活动鸣笛启动及参加 5 公里的徒步活动。长春市民代表近百人共同体验了"坐红旗车"，参观奔腾汽车生产线，听"红旗故事",感受红旗人的奋斗史。省内各大旅行社设立旅游咨询台,一些文旅企业还现场展示了自己的文创产品、非遗产品[254]。当天,长春市文旅局还在活动现场启动了长春文旅惠民卡夏季套票发售。由此可见,"读万卷书,行万里路",文化和旅游从不曾分离。一场完全没有文化的旅行是不可想象的,正如一种完全不能流动的文化是不可持续的,因为旅游以异地性的文化消费为本质特征,而文化的生命力则在于开放和传播。在党和国家新一轮机构改革中,"诗与远方"携手,重设起跑线,推动深融合,实现新发展,既是巨大的历史机遇,更是伟大的时代使命[251]。肩负时代使命,应当认清层次,紧随趋势。

2. 打好"冰天雪地与绿水青山"名片

资源整合是实现资源优化配置、发挥资源效益最大化、释放文化旅游产业红利,推动产业高质量发展的重要手段[250]。(1)普查评价整合。对吉林省的文旅资源进行全面普查、识别、选择、配置和激活,探寻资源潜力和内在规律,对优质特色资源进行再梳理、再挖掘和再发现,科学制定评价新标准,重构文旅资源新体系,共建文旅资源新平台[250]。(2)规划引领整合。按照建设发展目标,推动文旅"多规合一",突出特色,科学布局,合理配置,全面提升文旅资源价值链,实现文旅资源的空间整合[250]。(3)产品集聚整合。发挥最具吉林特色的雪文化、长白山文化、红色文化、工业文化和兼具"冰天雪地""绿水青山"两种资源、四季分明的全时段旅游特色优势,将生态与人文、传统与现代、经典与时尚相结合,打造多元产品,统筹推进贯通东北亚冰雪大通道的"冰雪丝路"和"一山引领三江"的避暑休闲产业格局,实现文旅资源的时间整合[250]。(4)品牌营销整合。细分市场、共筑平台,让每一次营销推广都成为文化和旅游共同演绎的舞台,让每一句口号都成为文化和旅游携手传扬的经典[250]。深植文化于旅游品牌的传播中,打造文化旅游新 IP,实现文旅产业协同发展新传奇[250]。(5)机制创新整合。寻求文旅资源与市场需求最佳结合点,通过并购、股权、基金、管理、人才等方式实现资源的最优配置,彰显和激发文旅资源活力,实现文旅资源的市场手段整合[250]。

三、案例

1. 机构整合，突出"冰雪文化、旅游、体育"

2018 年 10 月 18 日，吉林省文化和旅游厅正式挂牌，成为全省机构改革中首家挂牌的省级新机构[250]；10 月 30 日，完成两支队伍的"物理整合"，实现全体机关干部集中统一办公[251]；2018 年 12 月 21 日至 25 日，文旅人凝心聚力，高质量举办第三届冰雪产业博览会，突出冰雪文化、冰雪旅游、冰雪体育三大核心产业，拓展冰雪装备制造、冰雪商贸、智慧冰雪、冰雪人才四大关联产业[250]，开展了区域合作、文化展示、旅游节事、体育赛事、商贸交流、人才培训、民俗及美食体验、媒体宣传八大系列 610 项冰雪活动[250]。来自世界和全国各地的 3500 余名参展商参展、800 余名客商参会，省委、省政府、省政协主要领导和文旅部领导出席会议[250]。

2. 推动差异化发展，不断拓展衍生产品链

（1）依托冰雪和避暑休闲平台

形成产业集群，坚持市场导向和高质量发展延长产业链，突出创新创意，挖掘冰雪、避暑、红色等特色元素，融入信息、科技、服务等新要素，提升吉林文化和吉林旅游的互动效应，推动差异化发展，不断拓展衍生产品链，增强产业链支撑[250]。拓展产业面，依托冰雪和避暑休闲两大产业平台，发挥文化和旅游的引领与带动作用，构建多元联动、纵横延伸的产业体系，形成点线连接、区块结合的产业发展格局，成为推动全域经济发展的重要引擎和方向[250]。坚持市场导向和高质量发展，推动文旅产业要素集聚集约，形成产业集群[250]。

（2）创新要素供给，厚植产业优势

大长白山区域生态旅游中心和以长吉两市为主的旅游经济中心已经形成，东、中、西三大旅游发展区互为支撑[250]；长吉图休闲度假、鸭绿江边境风情、南部文化康养、西部草原湿地四条旅游精品带规模初具，"两核驱动三区，四带贯穿全域"的总体空间布局已基本形成，生成产业生态[250]。创新要素供给，厚植产业优势，构建产业生态培育的全体系、大系统，生成具有较强市场竞争力和鲜明区域带动力的产

业新模式和新格局[250]。吉林冰雪产业已经走出一条清晰且具有深度延展的嬗变之路，其势已成；避暑休闲产业效应初现端倪，其时已至。"冷资源"已经变为"热经济"，"凉资源"正在变成"热产业"[250]。

第二节　黑龙江：
文旅产业集团化的文旅融合

一、演艺进景区，非遗展示进景区

文化产业和旅游产业同属于第三产业，具有天然的融合基础，促进黑龙江省文化产业和旅游产业融合将有助于推动黑龙江省发展新型产业和新的经济增长点，有利于经济振兴，促进文化繁荣[252]。黑龙江省的主打总品牌是"北国好风光，尽在黑龙江"，文化产业和旅游产业发展水平有了很大的进步和提高，尤其是冰雪旅游产业在设计上已经开始注重突出文旅融合，并开展了一系列的实践活动，如演艺进景区、非遗展示进景区等，提升了景区的文化内涵，推进了文化市场的繁荣[252]。

二、黑龙江文旅融合定位与理念

1. 边疆文化大省迈向文化强省

全省新建和改扩建市县两级文化场馆 111 个、建设农村文化活动广场 5907 个、数字文化服务点和数字文化驿站 1752 个，公共文化服务场馆全部实现免费开放[252]。打造了"城市之光，金色田野""农民文化艺术节""社区文化艺术节"等系列群众文化活动品牌和黑龙江省音乐大赛、黑龙江省舞蹈大赛、黑龙江省书法精品展、黑龙江省摄影艺术展等精品赛事，年均举办各类大型文化活动 5000 多场次，惠及城乡群众 2000 多万人次。

2. 文化和旅游的融合形成化学反应

旅游发展势头强劲，正在从资源优势向经济优势、发展优势转变。中华人民共和国成立 70 年来，黑龙江省旅游业经历了从接待事业型向经济产业型转变、从一般经济产业向战略支柱产业发展转变的历程[252]。文旅产业初步融合，正在从高速增长向高质量发展发力。随着地方行政机构改革的全面深化，文化和旅游发展体制发生根本性变化，文化和旅游进入融合发展的新时代[252]。按照"宜融则融、能融尽融"的原则，在业态融合、产品融合、市场融合、服务融合等方面进行了积极探索，文化和旅游融合发展的化学反应正在形成[252]。

三、案例

1. 推出冰雪主题旅游产品

在哈尔滨冰雪大世界、哈尔滨国际冰雪节重点景区和节庆活动上，探索开展了冰雪文化、冰雪时尚、冰雪经贸、冰雪体育等活动，极大调动了群众的参与热情[252]。在省内各景区充分利用各类非物质文化遗产资源，相继推出"冬捕""冬钓""龙江猫冬""养生冬补"等 11 类 140 多项旅游新产品，吸引众多游客广泛关注和积极参与[252]。

2. 推出演艺的"远方与诗"

从 2015 年开始，在全省主要演出场馆和重点旅游景区举办冬夏两季驻场演出，从最初的 2000 多场，发展到今年的 10000 多场。哈尔滨大剧院、哈尔滨音乐厅、老会堂音乐厅等场所高端专业演出常年不断，冰雪大世界、雪乡、漠河北极村等景区各具特色的文艺演出轮番上演，完美展示了黑龙江旅游与文化结合的感染力，为广大游客的龙江之旅带来了充满留恋与回味的"远方"和一段充满浪漫与温情的"诗"意。

3. 演艺进景区，非遗进景区

黑龙江省基于品牌营造进行文旅融合：黑龙江省以"北国好风光，尽在黑龙江"为主打品牌，大力提高文化产业和旅游产业的发展水平，提升景区文化内涵，促使边疆文化大省向文化强省迈进。

第三节 辽宁：

旅游业供给侧结构性改革的文旅融合

文化是旅游的灵魂，旅游是文化的载体。加速文旅融合，首先要厚植辽宁省文化资源禀赋优势，创造性转化，创新性发展，利用丰富的文化遗产资源建设内涵旅游、体验旅游、境界旅游的特色文化 IP，打造世界文化遗产旅游目的地[253]；其次用文化元素为旅游铸造灵魂，让风景富有神韵、山水饱含诗情[253]；最后赋予各类旅游景观、设施和服务以文化基因，使之成为担当文化使命、承载文化功能的重要载体[253]。

一、节庆活动点亮民俗品牌

文化是旅游的灵魂，游客在游玩的同时更热衷体验当地的人文风情。近年来，辽宁通过民俗活动、列车冠名、商业街区打造等，不断丰富旅游的文化内涵，实现了旅游收入持续增长。大力推进文旅融合，不仅挖掘丰富的文化资源，也为旅游业增添了源源不断的新动力[253]。

节庆活动点亮民俗品牌。辽宁是文化富地，文化是打造辽宁旅游强省的核心竞争力。辽宁在推进文旅融合发展的过程中特别注重节庆活动的举办，以民俗文化为载体打造了独具特色的旅游品牌[253]。

二、辽宁文旅融合定位与理念

1. 工业企业成为国家级旅游景区

推动旅游与制造业融合方面，沈阳着重培育滑雪设备、低空飞行、房车制造等产业集群，华晨宝马、沈阳机床等 19 个工业企业成为国家级旅游景区[253]。在推动旅游与农业融合方面，沈阳发展锡伯龙地、盛京驿站等乡村旅游庄园 20 余个，沈阳市休闲农业年营业收入近 6 亿元[253]。

2. 通过"旅游+"促进产业融合

为激发旅游发展活力，大连创建"一体双轮五驱动"综合管理模式，培养各类功能区品牌 100 多个，获评"中国最佳旅游城市""全国首批旅游休闲城市""美丽山水城市"。大连推进"旅游+邮轮""旅游+农业""旅游+工业""旅游+体育""旅游+医药""旅游+航空""旅游+交通"，建成三寰牧场等一批休闲旅游项目[254]，建设海盐世界公园、玻璃小镇等，开发帆船、自行车环岛赛等旅游赛事。通过"旅游+"促进产业融合，催生新产品、新业态，有效延伸产业链条，带动大连全市年均新增旅游就业突破 1 万余人次，旅游从业人员达到 32 万人次[255]。

3. 边境旅游为特色和发展方向

丹东口岸赴朝旅游人数占全国赴朝人数 80%以上，有 40 多个国家和地区的游客经丹东口岸赴朝，经过 30 多年发展，边境旅游已成为丹东特有的"旅游名片"[253]。

4. 深化旅游业供给侧结构性改革

深化旅游业供给侧结构性改革，培育壮大市场主体；着力促进辽宁旅游业从门票经济向产业经济、景区旅游向全域旅游、观光旅游向休闲度假旅游、小众旅游向大众旅游转型升级[253]。

5. "节庆+民俗"拉动旅游经济快速发展

"旅游节庆+民俗文化"的协调发展，拉动了辽宁旅游经济的快速发展，促进了旅游市场的空前繁荣，也拉动了全省文化产业、生态农业、服务业、地产业等相关产业的协调融合发展，推动了辽宁由旅游输出大省向旅游目的地强省的转变[253]。

三、案例

1. 特色羊汤和旅游相结合

日前，辽宁本溪市本溪县举办的羊汤文化节就是文旅融合的典型案例[253]。辽宁本溪满族自治县羊汤已有 300 多年的历史，为提升其文化知名度，当地把特色羊汤和旅游相结合，举办生态羊汤节，让原先"养在深闺人未识"的佳肴成了外地游客到本溪县游览观光时必尝的一道地方性特色美食[253]。随着本溪生态羊汤节美誉度的不断提升，带动了县域内自然风光、温泉康养、红色抗联等其他旅游资源的挖掘及业态发展，为当地进一步打造生态旅游品牌、加速构建全域旅游发展新格局奠定了基础[253]。

2. 抚顺民族风情国际旅游节

作为一年一度的保留节目，抚顺民族风情国际旅游节的举办，不仅推动了抚顺市经贸交流和旅游业的蓬勃发展，也成为市民狂欢的盛大节日[254]。"每年的风情节都有亮点，而且总会带给我们惊喜或感动[254]。"连续参加了三届满族风情节的抚顺市民刘玲说。从努尔哈赤"祭祖"和"登基"大典的盛况到"抚顺格格集体婚礼"，再到"满族知名人士寻根之旅"，抚顺推出的一系列具有浓郁民族风情的文旅活动都给外地游客留下了深刻印象[254]。

3. 加速文旅融合互联互通是关键

山再好，水再美，也得让游客进得来、来得顺，这是旅游产业发展的先决条件。辽宁在"文化+旅游+交通"融合发展上，早布局早入手，一方面推进了"引客入辽"战略的实施，另一方面也加速了文旅融合的步伐[254]。

辽宁丹东凤凰山被誉为"国门名山""万里长城第一山""中国历险第一名山"，以秀美的自然山岳风光和独特的宗教文化享誉国内外，吸引了越来越多的游客，成了辽东旅游的一颗璀璨明珠[256]。凤凰山风景名胜区与中国铁路沈阳局集团公司共同开行吉林—丹东凤凰山、山海关—丹东凤凰山旅游专列[254]。专列吸引了大批吉林及京津唐地区的游客来到辽宁做客。在专列车厢内，通过座位头枕巾、桌板贴、海报、车门贴、广播、LED字幕和列车电视等媒介，全方位、多频次地展示辽宁丰富的山水、文化等旅游资源[253]。

冠名旅游专列是辽宁大力推进全域旅游的一项重要举措[256]。辽宁省旅发委相关负责人表示，充分利用高铁的优势，把全省深厚的人文底蕴和丰富的旅游资源快速地向省外乃至全国进行推广，这是辽宁借助交通力量，进一步扩大知名度和影响力的重要举措[254]。

辽宁抚顺、盘锦、本溪等10余个城市相继与铁路部门签订了旅游专列合作协议，同时"哈大高铁体验游""辽东边境风情游""辽西历史文化游""辽宁中部八市游""辽宁沿海六市游"等铁路精品旅游线路的相继开通，为沿线具有丰富的历史文化和自然资源的城市提供了展示自身优势的移动平台，这些城市迎来旅游经济发展的崭新机遇[253]。

4. 文化街区提升综合竞争力

随着旅游需求从观光游向体验深度游的转变，辽宁文化旅游的融合发展逐步实现从门票经济到旅游产业链全面开发的转型升级[253]。其中，让文化底蕴丰富的旅游街区逐渐成为外地游客的热门目的地成了重要抓手[254]。

（1）留下沈阳轻工业文化的浓墨重彩

2018 年举办的"2018 中国（沈阳）老龙口文化特色商业街规划与发展论坛"上，一条彰显盛京古韵及民国风情的文化特色商业街——"老龙口 1662 酒文化一条街"建设被提上日程[257]。很多游客都是冲着感受传统文化而来，文化旅游街区的建设是沈阳市进一步打造全域旅游品牌，以及逐渐打破旅游门票经济、不断延长旅游产业链条的新举措[257]。据悉，建成后的酒文化一条街将成为集沈阳老字号聚集区、工业建筑博物馆、白酒主题文化园、创意创新聚集群为一体的时尚体验综合体[257]，为振兴东北老工业基地留下沈阳轻工业文化的浓墨重彩。

（2）传统老街与旅游相结合，引领时尚消费

与沈阳中街、太原街遥相呼应，营口辽河老街近年来成为彰显当地人文历史特色的新地标[254]。在政府的重新改造规划下，传统的老街道与旅游相结合，成了引领时尚消费、备受外地游客青睐的旅游胜地[254]。如今，漫步在老街上，传统文化与时尚文明相结合的建筑风格映入眼帘，重新修缮的仿古建筑搭配上造型逼真、形态各异的人形石雕、蜡像，游客置身其间，仿佛穿越回旧时的闹市之中[253]。

5. 浓厚的文化氛围刺激游客需求

浓厚的文化氛围、独特的文化格局是当今游客选择旅游目的地的因素之一[255]。各具特色的商业街区，代表了一座城市的精彩，是城市的名片。商业街的文化展示是被动的，是旅游发展的附属品[256]。提高

文化在街区旅游发展中的比重，是辽宁下一步文旅融合发展的新举措。

6. 文化是灵魂，休闲业态是关键

辽河美术馆、1905创意工厂、广厦艺术街等一批具有代表性的文化旅游街区正悄然兴起，以其深厚的文化底蕴彰显着辽宁旅游的文化内涵，提升了辽宁旅游的综合竞争力[254]。文化是灵魂，休闲业态是关键，下一步辽宁将会继续推动公共文化旅游区域的开放，迎接全域旅游发展的春天[253]。让工业旅游成为辽宁旅游的金名片，"整合红色文化资源，打造辽宁红色文旅品牌"，"将地域文化融入旅游纪念品设计研发"[253]。

通过举办大型民俗文化展演推动文旅融合，鼓励辽宁省艺术家以辽宁本土故事为原型创作剧本，打造譬如《印象·满族》《印象·关东风》等大型山水实景演出[256]。同时应加大力度开发俄罗斯、东南亚等重点旅游市场，用好"72小时过境免签"政策，提升辽宁旅游知名度[256]。

7. 辽宁文旅融合七大措施

第一，很多红色旅游线路还需要进一步充实、整合和规划。编制红色旅游规划，强化规划引领和宣传，树立辽宁省红色文旅品牌，打造全程贯通的"重走抗联路"红色旅游精品线路。辽宁有数量庞大、门类齐全、种类丰富的工业遗产，旅游开发潜力巨大[257]。第二，充分利用辽宁工业遗产资源，打造更多工业遗产精品旅游线路[254]。第三，要加大保护和宣传力度，完善工业遗产保护相关法律及规章，同时将工业遗产景区景点与观光旅游景区联合起来，提高整体竞争力[253]。调动工业遗产产权单位积极性，丰富开发形式，展现辽宁工业魅力[253]。第四，充分发挥清朝历史文化资源优势，开辟京辽"三京三宫"旅游线路，将兴京、盛京、北京，以及罕王宫、沈阳故宫和北京故宫串联起来，以三宫为核心，形成精品旅游线路，吸引北京及周边城市居民来辽宁旅游，打造辐射京津冀、东北亚的满族文化旅游商圈[253]。第五，依托古村落资源，发展乡村旅游产业。强化政策保障，对乡村旅游项目实行以奖代补政策等[254]。保持"乡味"，突出田园特色，避免城市化倾向[253]。第六，充分挖掘古村落历史文化和传统民俗内涵，通过各种途径开展营销宣传，讲好古村历史故事，提高社会知晓度；加强古村落旅游资源保护，形成保护与开发的良性循环[253]。第七，旅游纪念品、土特产销售是辽宁省旅游经济发展的短板[253]，应把辽宁的历史文化、民族特色、民俗文化融入旅游纪念品设计研发，充分利用牛河梁红山文化、义县宝林楼、阜新查海"中华第一龙"等数量众多的历史精品文化遗存，以及琥珀、煤精、玉石、玛瑙雕刻等国家级非物质文化遗产等，提升辽宁省旅游纪念品的文化含量[253]。

专题篇：探秘边域地区文旅融合

第十章　揭开冰封边域土著文化的神秘面纱

在茫茫的武陵群山深处，这里山高谷深，世代与外隔绝，无数专家考察该区域文化，发现这里呈现出一簇簇"冻存的"文化现象。武陵山区的酉水流域自古生活着一支自称"毕几卡"的居民，酉水中段是他们生息繁衍的核心部位，即保靖县拔茅乡的首八峒。昔日首八峒酉水东岸黔山之麓庙堡上曾屹立过一座八部大王庙，古木参天，庙貌巍峨，群龙蜿绕八部大王的巨大石雕悬于山门之首，气吞山河的石刻对联烁古震今："勋猷垂简篇驰封八部，灵爽式斯土血食千秋。"上联意为：你的勋业与谋略名垂青史，飞驰而来的皇上使者，分封你八蛮峒地的广袤之土。下联意为：你的精神和气魄可式土人，死而为神的"毕几卡"先祖，当歆享万代子孙的血食之祭。这说的是我国古代楚南上游酉水流域咸镇八峒，使松散的八个部族凝聚为一体的酉首涅壳赖事的始末。酉水流域的八蛮部落土人，历汉晋至今，八部大王之祭历久不衰，朝香者众的调年祭祀旷日持久，有着深厚的历史铺垫与深刻的文化内涵。

第一节　酉水河流域的文物资源概况

湖南境内五溪中的酉水流域，为土家族发祥地。酉水又名酉江、北河。对酉水沿岸文物进行调查发现，旧石器古遗址1处，新石器时代遗址2处，商代遗址2处，商西周遗址10处，西周战国遗址7处，商、西周、战国、汉代遗址1处，商、西周、汉代贵址6处，商代、战国遗址1处，东周、汉代遗址1处，战国遗址6处，汉代遗址23

处。属先秦的遗址有东洛、押马坪、柳树坪、瓦场，以及里耶溪口、喜鹊溪、庄屋、沙湾，其中位于古黔山脚下八部大王庙附近的遗址在其中就有东洛、柳树坪、瓦场、上游的里耶溪口、庄屋、沙湾六处。如表 10-1 所示。

表 10-1   湘西自治州境内酉水沿岸古遗址调查登记表①

编号	名称	位置	面积（平方米）	文化层厚度（米）	保存状况	时代	遗存物
1	东洛遗址	保靖县拔茅乡东洛村北	300	1—2	严重破坏	旧石器时代	灰色砂岩刮削器
2	押马坪遗址	保靖县昂洞乡押马村西	1000	0.5	轻微破坏	新石器时代	青灰色砾石砍砸器、刮削器、石斧
3	渴洞遗址	保靖县梅花乡茶寨村东	12	0.5	严重破坏	新石器时代	夹砂褐陶残片、人牙、头盖骨、猪牙化古
4	柳树坪遗址	保靖县拔茅乡驼背村南	4000	0.7	严重破坏	商代	陶器有夹砂红陶、泥质红陶残片，纹饰有附加堆纹、刻划纹、弦纹、方格纹，器形有罐、鬲、大口缸，石器有打击石片、石斧

① 引自州文物工作队刘长治文《湖南省湘西自治州境内酉水沿岸古遗址调查》，载《湘西文史资料》第 32 期 P201—210。

编号	名称	位置	面积（平方米）	文化层厚度（米）	保存状况	时代	遗存物
5	瓦场遗址	保靖县拔茅乡东洛村北	130	1.2	严重破坏	商代	夹炭夹砂褐陶、白陶、泥质灰陶、褐陶、红陶片，纹饰有附加堆纹、绳纹、大方格纹、印纹、戳刺纹、刻划纹，器形有大口缸、鬲、豆、罐、杯、釜形鼎、碟
6	长丘遗址	保靖县复兴镇普溪村西	3000	0.5	严重破坏	商代西周	陶器有夹砂、泥质灰陶残片，器形有陶钵，石器有石斧等
7	尚堡遗址	保靖县黄连乡下码头村西	600	0.3	轻微破坏	商代西周	夹砂红陶罐残片，纹饰有绳纹、方格纹
8	大坪遗址	保靖县隆头乡新隆村南	600	0.3	轻微破坏	商代西周	夹砂褐陶残片，纹饰有绳纹，可辨器形有罐
9	大田坎遗址	保靖县隆头乡新隆村南	700	0.2	轻微破坏	商代西周	夹砂褐陶残片，纹饰有绳纹，可辨器形有罐、钵
10	芭蕉湾遗址	保靖县比耳乡比耳村南	700	0.4	严重破坏	商代西周	夹砂红陶、褐陶残片，纹饰有绳纹，器形有罐
11	枫香堡遗址	保靖县隆头乡田丘村西	200	0.9	轻微破坏	商代西周	夹砂红陶、褐陶、灰陶残片，纹饰有绳纹，器形有罐
12	庙堡遗址	保靖县拔茅乡沙湾村北	300	0.3	保存较好	商代西周	夹砂红陶、褐陶残片，纹饰有绳纹、方格纹，器形有陶罐

编号	名称	位置	面积（平方米）	文化层厚度（米）	保存状况	时代	遗存物
13	庙咀遗址	保靖县大妥乡马洛坪村北	1500	0.5	轻微破坏	商代西周	陶器有夹砂红陶、褐陶残片，纹饰有绳纹、刻划纹，器形有罐、豆，石器有石斧
14	荒地坪遗址	保靖县拔茅乡水坝村南	160	0.5	轻微破坏	商代西周	陶器有夹砂褐陶、泥质灰陶片，纹饰有绳纹、方格纹、刻画水波纹，器形有罐
15	阳对门遗址	保靖县拔茅乡水坝村南	150	0.6	严重破坏	商代西周	陶器有夹砂褐陶残片，纹饰有刻划纹、绳纹、水波纹，器形有罐、网坠
16	大丘堡遗址	保靖县比耳乡比耳村南	500	0.3	严重破坏	商代西周	陶器有夹砂褐陶、泥质灰陶、红陶残片，纹饰有绳纹、方格纹，器形有罐
17	团鱼背遗址	保靖县拔茅乡水坝村南	100	0.2	严重破坏	商代西周	陶器有夹砂褐陶、泥质红陶残片，纹饰有绳纹、刻划纹、方格纹，器形有罐、缸
18	瓦场遗址	龙山县苗儿滩镇民族村南	1500	0.5	严重破坏	商代西周	陶器有夹砂黑陶、褐陶、泥质灰陶、红陶残片，纹饰有刻划纹、水波纹、方格纹、弦纹，器形有罐、壶、坛
19	金卡毕遗址	龙山县苗儿滩镇先锋村东	1000	0.8	轻微破坏	商代西周	陶器有夹砂红陶、褐陶、泥质灰陶、红陶残片，纹饰有方格纹、绳纹，器形有罐、坛、盂
20	龙洞湾遗址	龙山县苗儿滩镇先锋村东	1200	0.8	严重破坏	商代西周	陶器有夹砂红褐陶、黑陶泥质灰陶残片，纹饰有绳纹、蓝纹、刻划纹、方格纹，器形有罐、壶、豆、坛

编号	名称	位置	面积（平方米）	文化层厚度（米）	保存状况	时代	遗存物
21	溪口遗址	龙山县里耶镇里耶村西	1500	1	轻微破坏	商代西周	夹砂红陶、泥质红陶残片，纹饰有绳纹、方格纹、压印纹，器形有鬲、罐、壶，石器有砍砸器、刮削器、石斧
22	河坝遗址	保靖县拔茅乡沙湾村南	1000	1.4	严重破坏	商代西周战国	陶器有夹砂褐陶、泥质灰陶残片，纹饰有绳纹、刻划纹、弦纹、附加堆纹，器形有罐、大口缸、豆、鬲
23	喜鹊溪遗址	保靖县迁陵镇社锋村西	600	0.4—0.6	严重破坏	商代西周战国	陶器有夹砂褐陶、红陶、灰陶、泥质褐陶残片，纹饰有绳纹、刻划纹、压印纹、水波纹、云雷纹，器形有罐、壶、钵、鬲、釜、网坠
24	庙湾遗址	保靖县大妥乡马洛坪村北	700	1	严重破坏	商代西周战国	陶器有夹砂褐陶、泥质红陶、灰陶残片，纹饰有绳纹、方格纹、附加堆纹，器形有罐、豆、钵
25	龚家湾遗址	保靖县拔茅乡拔茅村北	200	0.5	严重破坏	商代西周战国	陶器有夹砂褐陶、泥质灰陶、红陶残片，纹饰有绳纹、方格纹，器形有罐、钵
26	和平田遗址	保靖县昂洞乡押马坪村西	300	0.2	保存较好	商代西周战国	陶器有夹砂褐陶、泥质灰陶残片，纹饰有绳纹，器形有罐、豆、坛
27	庄屋遗址	保靖县拔茅乡沙湾村南	1800	0.6	轻微破坏	商代西周战国	陶器有泥质灰陶残片，纹饰有绳纹、附加堆纹、弦纹，器形有大口缸、罐、钵、豆

编号	名称	位置	面积（平方米）	文化层厚度（米）	保存状况	时代	遗存物
28	戴家码头遗址	保靖县拔茅乡水坝村南	300	0.7	严重破坏	商代西周战国	陶器有夹砂褐陶、泥质灰陶残片，纹饰有绳纹、方格纹，器形有缸、罐、豆
29	下河遗址	保靖县拔茅乡东洛村西	300	0.9	严重破坏	商代西周战国汉代	陶器有夹砂褐陶、泥质灰陶、红陶残片，纹饰有绳纹、刻划纹、方格纹，器形有罐、钵、坛
30	马颈坳遗址	保靖县黄连乡下码头村北	300	0.5	保存较好	商代西周汉代	陶器有夹砂褐陶、泥质灰陶残片，纹饰有绳纹、刻划纹，器形有罐、钵、鬲、坛
31	溪口遗址	保靖县隆头乡雅鱼村北	400	0.6	轻微破坏	商代西周汉代	陶器有夹砂褐陶、泥质灰陶，纹饰有绳纹、弦纹，器形有罐、豆、坛
32	尚家屋场遗址	龙山县里耶镇蔬菜村北	7000	0.9	轻微破坏	商代西周汉代	陶器有夹砂红陶残片，纹饰有绳纹、刻划纹，器形有缸、豆、坛
33	婆婆庙遗址	龙山县里耶镇建设街东	600	0.8	轻微破坏	商代西周汉代	陶器有夹砂褐陶、泥质灰陶残片，纹饰有绳纹、方格纹、编织纹，器形有罐、豆、坛
34	湾塘遗址	龙山县里耶镇大板村北	1500	1	轻微破坏	商代西周汉代	陶器有泥质红陶、灰陶残片，纹饰有绳纹、方格纹、编织纹，器形有大口缸、坛、瓦当
35	新田堡遗址	永顺县柏杨乡南渭村东	3000	0.4	严重破坏	商代西周汉代	陶器有夹砂红褐陶、泥质黑陶、灰陶残片，纹饰有绳纹、方格纹、弦纹，器形有罐、钵、坛

编号	名称	位置	面积（平方米）	文化层厚度（米）	保存状况	时代	遗存物
36	竹科堡遗址	保靖县拔茅乡沙湾村北	1600	0.2	严重破坏	商代战国	陶器有泥质灰陶残片，纹饰有绳纹、刻划纹、附加堆纹，器形有大口缸、鬲、罐、豆
37	姚家堡遗址	龙山县苗儿滩镇先锋村东	600	0.9	轻微破坏	东周	陶器有夹红陶残片，纹饰有方格纹、绳纹、弦纹，器形有罐、盂
38	庙脚遗址	永顺县柏杨乡南渭村东北	4000	0.6	严重破坏	东周汉代	陶器有泥质红陶、灰陶、黑陶残片，纹饰有戳刺纹、绳纹、方格纹，器形有罐、钵、壶、纺轮、网坠，铜器有镞
39	沙刀湾遗址	保靖县黄连乡下码头村北	600	0.4	轻微破坏	战国	陶器有泥质灰陶残片，纹饰有绳纹、方格纹，器形有罐
40	麻土遗址	保靖县拔茅乡沙湾村北	150	0.3	严重破坏	战国	陶器有泥质灰陶残片，纹饰有绳纹，器形有罐
41	黄土包遗址	保靖县拔茅乡沙湾村西	300	0.4	严重破坏	战国	陶器有泥质褐陶、灰陶残片，纹饰有绳纹、方格纹，器形有鬲、罐、豆
42	魏家屋场遗址	保靖县拔茅乡沙湾村南	450	0.2	保存较好	战国	陶器有泥质灰陶绳纹残片，器形有罐、豆
43	沙湾遗址	古丈县河西镇河南村东南	20.000	0.5—0.7	轻微破坏	战国	陶器有泥质灰陶、红陶残片，纹饰有绳纹、方格纹，器形有罐、豆、鬲

编号	名称	位置	面积（平方米）	文化层厚度（米）	保存状况	时代	遗存物
44	新码头遗址	古丈县河西镇河南村东	1500	0.5—0.8	轻微破坏	战国	陶器有夹砂红陶、泥质灰陶残片，纹饰有绳纹，器形有豆、罐、壶
45	维新遗址	保靖县复兴镇普溪村南	1200	0.5	轻微破坏	战国汉代	陶器有夹砂黑陶、泥质黑衣褐陶残片，纹饰有绳纹、刻划纹、方格纹，器形有坛
46	东洛渡口遗址	保靖县拔茅乡东洛村西	150	1	严重破坏	战国汉代	陶器有泥质灰陶、红陶残片，纹饰有刻划纹、绳纹，器形有罐、器盖
47	下河边遗址	保靖县拔茅乡东洛村南	600	0.3	严重破坏	战国汉代	陶器有泥质灰陶绳纹残片，器形有鼎、壶、坛
48	坪里遗址	龙山县苗儿滩镇和坪村东南	4000	1	轻微破坏	战国汉代	陶器有泥质灰陶、褐陶残片，纹饰有绳纹、方格纹、编织纹，器形有缸、罐、坛
49	四方城遗址	保靖县龙溪乡要坝村北	30	0.8	轻微破坏	战国汉代	陶器有夹砂褐陶、泥质灰陶、褐陶残片，纹饰有绳纹、方格纹、云雷纹，器形有鼎、豆、钵、坛、罐、盂、壶，铜器有戈、剑、镜、盘
50	桐木湾遗址	永顺县柏杨乡南渭村北	1000	0.5	严重破坏	战国汉代	陶器有泥质灰陶、红褐陶残片，纹饰有绳纹、方格纹、刻划纹，器形有罐、坛
51	河南遗址	古丈县河西镇河南村东南	5000	0.8	保存较好	汉代	陶器有泥质灰陶、红陶残片，纹饰有绳纹、方格纹、弦纹，器形有罐、壶、钵

编号	名称	位置	面积（平方米）	文化层厚度（米）	保存状况	时代	遗存物
52	上河坝遗址	保靖县复兴镇复兴村北	1500	0.8	保存较好	汉代	陶器有泥质灰陶残片，纹饰有绳纹、方格纹，器形有罐、坛
53	水塘遗址	保靖县龙溪乡要坝村北	1500	0.8	保存较好	汉代	泥质灰陶坛残片、饰方格纹
54	下码头遗址	保靖县黄连乡下码头村北	200	0.4	严重破坏	汉代	陶器有泥质灰陶残片，纹饰有绳纹、方格纹，器形有罐、坛
55	下寨坪遗址	保靖县黄连乡大桥村北	2400	0.4	严重破坏	汉代	陶器有泥质灰陶残片，纹饰有绳纹、方格纹，器形有罐、坛、网坠、筒瓦
56	坪上遗址	保靖县昂洞乡押马坪村南	4000	0.2	保存较好	汉代	陶器有夹砂红陶、泥质灰陶残片，纹饰有绳纹、方格纹，器形有罐、坛
57	魏家遗址	保靖县黄连乡魏家村西	1400	0.3	严重破坏	汉代	陶器有泥质灰陶残片，纹饰有方格纹、弦纹，器形有罐、豆、坛
58	天平田遗址	保靖县昂洞乡新码头村西	9000	0.1—0.3	严重破坏	汉代	陶器有泥质灰陶、红陶残片，纹饰有刻划纹、方格纹，器形有罐、豆、坛
59	驼丘遗址	保靖县昂洞乡押马坪村南	300	0.3	严重破坏	汉代	陶器有泥质灰陶、褐陶残片，纹饰有绳纹、方格纹，器形有罐
60	椿树田遗址	保靖县昂洞乡押马坪西	300	0.4	轻微破坏	汉代	陶器有泥质灰陶、褐陶残片，纹饰有绳纹、方格纹，器形有坛、钵

编号	名称	位置	面积（平方米）	文化层厚度（米）	保存状况	时代	遗存物
61	甘壁遗址	龙山县石羔乡甘壁村南	1000	0.35	轻微破坏	汉代	泥质灰陶坛残片，纹饰有编织纹、水波纹
62	城里遗址	龙山县里耶镇大板村东北	2800	1	轻微破坏	汉代	陶器有泥质灰陶、褐陶残片，纹饰有绳纹、方格纹，器形有罐、坛
63	廖家坪遗址	龙山县隆头镇隆头村南	1500	0.9	轻微破坏	汉代	陶器有泥质灰陶、红陶残片，纹饰有方格纹、绳纹，器形有坛、罐
64	渡船口遗址	龙山县苗儿滩镇民族村南	1500	0.9	严重破坏	汉代	陶器有泥质灰陶、红陶残片，纹饰有方格纹，器形有坛
65	宝塔遗址	龙山县苗儿滩镇苗新村北	3500	1	轻微破坏	汉代	泥质灰陶坛残片、饰编织纹
66	麦茶遗址	龙山县里耶镇麦茶村西	3500	0.9	保存较好	汉代	陶器有泥质灰陶、褐陶残片，纹饰有绳纹、方格纹，器形有罐、坛
67	彭家屋场遗址	龙山县里耶镇蔬菜村南	5400	0.8	轻微破坏	汉代	陶器有泥质灰陶、褐陶残片，纹饰有绳纹，器形有坛、筒瓦
68	大丘遗址	龙山县里耶镇大板村东北	600	0.9	保存较好	汉代	陶器有泥质灰陶残片，纹饰有绳纹、方格纹，器形有罐、坛
69	王家屋场遗址	龙山县里耶镇大板村东	1500	0.8	轻微破坏	汉代	陶器有泥质灰陶残片，纹饰有编织纹，器形有罐、坛

编号	名称	位置	面积（平方米）	文化层厚度（米）	保存状况	时代	遗存物
70	螺丝滩遗址	龙山县华塘乡龙头村西	3500	0.9	轻微破坏	汉代	陶器有泥质灰陶残片，纹饰有编织纹，器形有罐、坛
71	五月殿遗址	永顺县柏杨张南渭村东	1500	0.4	保存较好	汉代	陶器有泥质灰陶残片，纹饰有绳纹、方格纹，器形有罐、坛
72	塘开头遗址	永顺县柏杨乡南渭村北	300	0.4	严重破坏	汉代	陶器有泥质灰陶、红陶残片，纹饰有绳纹、方格纹，器形有坛
73	油房湾遗址	永顺县柏杨乡南渭村北	1200	0.3	保存较好	汉代	陶器有泥质灰陶残片，纹饰有方格纹、绳纹，器形有壶、罐

　　经省、州文博专家鉴定，上表所列遗址中，保靖县东洛遗址的刮削器出自第四纪更新世晚期，酉水的一级阶地与怀化地区舞水一级阶地相同，出土石器同属华南砾石传统，已定为旧石器时代晚期无疑。

　　押马坪遗址采集的石器出在黄色亚黏土层，均有使用痕迹，且都有打制加工成品，砍砸器打击点痕迹明显，放射线清晰，近似东洛旧石器，应属于旧新石器两代的遗存物。柳树坪出土的遗存物和东洛瓦场出土的遗存物可与湖南省澧县的出土物比照，如表 10-2 所示。

表 10-2　保靖县碗米坡柳树坪与澧县城头山出土遗存物对比

遗址名	柳树坪遗址	瓦场遗址	与澧县出土物比较（旧石器时代）
发现的遗存物	大口缸	—	相同
	—	盆豆	相同
	高柄豆、矮柄豆、釜形鼎		相同

　　两遗址出土的大口缸、竹节豆、花边圈均为商遗址遗存物，而溪口、庄屋两遗址出土的壶、陶钵、罐、夹砂褐陶、鬲为商代遗存物和

战国早期的遗存物。经鉴定，湘西酉水沿岸的古遗址文化内涵丰富，这些遗址的发现，填补了湘西州旧石器时代、新石器时代和商代考古的空白。

如上述，这些刮削器、大口缸、盆豆、高、矮柄豆、斧形鼎，绝对不是"巴子入五溪，各为一溪之长"后的遗存物，这些几万年前的崖葬遗存物与巴、僰的悬棺、船棺葬遗存物大相径庭。因此，可以得出结论：酉水流域自古生活着一个土著民族的大群落，即一个庞大的部族集团。这些人的后裔一直活到了21世纪的现在，与武陵钟离山巴人、廪君相去十万八千里。

第二节　保靖境内酉水沿岸古遗址调查

酉水发源于湖北省恩施自治州的鹤峰县，流经重庆，从湖南湘西土家族苗族自治州的龙山县三元乡大堡村沙塘入境，经过龙山、保靖、古丈、永顺等县。酉水全长447公里，湘西境内201公里，保靖境内81公里。刘长治先生在《湖南湘西自治州境内酉水沿岸古遗址调查》一文中对1973年至1988年在湘西自治州境内酉水沿岸调查发现的73外古遗址进行了介绍。1988年以后发现的古遗址如表10-3所示。

表10-3　湘西保靖县境内酉水沿岸古遗址调查登记表

序号	名称	位置	面积（平方米）	文化层厚度（米）	保存状况	时代	遗存物
1	下寨旧石器点	保靖县拔茅乡驼背村北	200	1-2	严重破坏	更新世	砍砸器
2	江西堡旧石器点	保靖县隆头乡雅鱼村	200	1-2	严重破坏	更新世	砍砸器
3	麻园旧石器点	保靖县清水坪镇清水坪村南	200	1-2	严重破坏	更新世	砍砸器、刮削器

续表

序号	名称	位置	面积（平方米）	文化层厚度（米）	保存状况	时代	遗存物
4	官山旧石器点	保靖县清水坪镇清水坪村南	200	1-2	严重破坏	更新世	砍砸器、刮削器、石片
5	沙坪旧石器点	保靖县龙溪乡要坝村	200	1-2	严重破坏	更新世	砍砸器
6	水扒遗址	保靖县拔茅乡沙湾村	1000	0.7	已发掘	商周	有夹砂黑陶、褐陶，泥质灰陶残片，纹饰有刻划纹、方格纹，器形有罐、壶等
7	下码头遗址	保靖县清水坪镇下码头村	2000	0.6	轻微破坏	战国	陶器有泥质灰陶残片，纹饰有方格纹、绳纹、水波纹、器形壶、钵、罐
8	四方城遗址	保靖县龙溪乡要坝村	89000	1.2—2.2	保存较好	战国汉代	发现有护城壕，夯土城墙，有大量筒瓦、板瓦等
9	战国粮窖	保靖县龙溪乡要坝村	16	—	保存较好	战国	发现有稻谷、小米、高粱、豆类等粮食作物种子
10	汉代青铜冶炼遗址	保靖县龙溪乡要坝村	9	—	轻微破坏	战国	尚存炉台、灶面、钳锅和大量铜渣，以及灰陶片、筒瓦、板瓦，汉砖等
11	魏家堡汉代古城遗址	保靖县清水坪镇魏家寨村	40000	1.2—2.4	保存较好	汉代	发现有护城壕、夯土城墙，有大量筒瓦、板瓦等

序号	名称	位置	面积（平方米）	文化层厚度（米）	保存状况	时代	遗存物
12	官山堡冢墓群	保靖县清水坪镇清水坪村	30000	—	保存较好	汉代	发现冢墓40多座，其中最大的封土土堆直径30多米
13	沙坪墓群	保靖县龙溪乡要坝村	400000	—	保存较好	战国汉代	发现墓葬1000多座，以及砍砸器
14	船厂遗址	保靖县清水坪镇下码头村	3000	1—2	保存较好	东周	陶器有夹砂褐陶，泥质灰陶，纹饰有绳纹、方格纹、圈点纹，器形有罐、壶等

注：资料来源于保靖县文物局。

第十一章　土家文化探源

从祭祀八部大王涅壳赖所跳的摆手舞及长夜达旦歌唱的摆手歌看，这种古老祭祀可追溯到毕几卡（土家族人的自称）人的原始渔猎时期，经代代相传，沿袭至今。

第一节　土家文化历史考证

《永顺府志·杂志》（乾隆本）也载："每岁正月初三至十五日，土民齐集，披五花被，锦帕裹头，击鼓鸣锐，舞蹈唱歌。舞时男女相携，蹁跹进退，谓之摆手。往往通宵达旦，不知疲也。"酉水流域古丈县旧志《古丈坪厅志》亦有摆手舞的记载："每岁正月初三至初五六，夜鸣锣击鼓，男女聚齐，摇摆呐喊，名曰摆手。"同治年版的《龙山县志》卷十一里却有摆手活动时间"或正月，或三月，或五月不等"的记载，与《保靖县志》雍正同治本的"调年（立秋日并），春秋社日亦是"的记载是一致的。

综上所述，摆手舞和摆手歌在酉水流域各县沿袭相传久，而且在江西彭氏入主湘西酉水流域之先的千百年前早已蔚然成风。至于酉水流域首八峒祭祀八部大王庙的盛况，也可以由湖北省来凤县百福司镇河东乡新安村至今尚存的《瓦厂摆手堂》中的一段碑文证明，碑文载清代嘉庆五年是地摆手情况时道："弘仰献之重，惟我爵主，昔威振乎保靖。今恩育坝空。过岘有者，犹思堕泪之碑，望铜柱者，讵昧义庇之绩。"故起舞以祀八部大王和彭公爵主。

第二节　酉水流域土家文化遗产

在酉水中游的古老迁陵（今为保靖县）旁的龙溪乡土碧村，至今还保存着我国戏剧活化石——茅故事古舞及传承的村民。这是一种通过不同年龄的土家族人民草人群舞，体现古朴、毫不雕饰的部族渔猎生活、生殖崇拜、农事节令（如烧山、砍山、挖土、敬神、收获的抗争自然画面）等，体现了古代土家族人对不可抗拒自然力的由衷崇拜。

一、"土蛮"《梯玛歌》

《梯玛歌》传承日久，屡代积辈，经书本身包罗的范围亦旷，几乎涵盖着土家人的哲学、伦理道德、政治经济、生产活动、民族风习、文化艺术等，甚至还有些令人不解的巫术谜团，学人将它的内容界定为："保留和传播土家族古代文化遗产。"（马本立主编：《湘西文化大辞典》）

酉水流域的先民用三牲取代古老的血祭——人祭，实质上属于从蛮荒往文明过渡的进步表现。梯玛老司中原来还有种"抢人梯玛"，即为血食献祭以人为牺牲品的巫师。由于目睹这种杀人祭祖太过残忍才改以用三牲（鸡、鱼、肉）给八部大王献祭，就像奎扎科特尔一改人祭而以鸟雀、蝴蝶为祭品一样，改革了旧制。《梯玛歌》中为我们呈现了这种变化和沿袭，不再让后世土家子孙目睹那种令人发指的残酷场面。这种历史的进步值得肯定，但同时可见"保靖改土之前，历有血祀之土神"并非虚语。（《保靖县志》同治六年本）

二、八部大王庙遗址

酉水河畔保靖县拔茅乡首八峒村对岸的庙堡，由于下游碗米坡电站大坝蓄水成湖，形成一座兀立在一汪碧波上的圆形小岛，它便是昔日闻名酉水流域的八部大王庙遗址所在。遗址分三级台地，可依稀辨别出当年的巍峨庙貌。倾圮的废墟上的几道岩坎又可证实它曾是当年庙堂基础的料石。沾满苔藓的断砖、残留的灰浆还沾着岁月沧桑点染上的青绿。荆棘丛生，爬满坎头，一种令人难以解读的土人的"司克芬狮之谜"，非虎，非狮，更非中原帝王陵寝路旁高大的、不可一世的石相生。大而扁平的嘴，流光磨蚀的红石水纹，一切似乎都无言地面对着造访者。一对石眼瞪着，似乎问道："我是什么？"无数前往者对石兽困惑莫解，他们不能不对眼前视野中的寂寂黔山凝目、沉思：这里昔日究竟蕴藏着楚南上游一支蛮族怎样的历史文化？从坎中砌入的断联残石上还有"血食千"几个大字，难道这就是峒蛮欲诵的"昔威振乎保靖"的八蛮洞口的八部大王神殿所在？

第三节　高庙文化的前生今世

在神秘的古湘西土地上，有着古老"高庙"农耕早期人类社会活动的遗留物、残片和痕迹[258]。今天的湘西地域还残存着远古社会的文明"语言"和"风俗"。这是一种不同于黄河流域人类社会的文明和精神[258]。长江中上游的湘西吉首司马河流域，至今还残留着这种古老文明社会语言残片的痕迹[258]，例如母鸡被称为"鸡女"，洗脸被称为"洗面"[258]，洗澡被称为"洗身子"等。这些留存至今的文雅、文明语言被人们看作当地"土话"，这其实是古老的西南官话里的一种"普通话"[259]。

一、文化影响与传播

考古认为，高庙文化存续的时间大致在一两千年[258]。高庙文化不但影响了同时期的长沙大塘文化、稍晚的浙江河姆渡文化、珠江三角洲文化、江浙一带的良渚文化、山东的大汶口文化、山东龙山文化、中原的仰韶中晚期文化和商周的青铜文化，还向西传播到了西亚，影响了那里的苏美尔文明，甚至在印度、埃及等古文明中也可找到高庙文化的影子[258]。例如，高庙文化中的"双鸟拥人面，面颊上画了两颗象牙"的图案，到了河姆渡时期双鸟拥人面依旧，但两颗象牙不见了，头上还加了一项三尖皇冠；到了良渚文化时期，象牙被獠牙所取代，头上则装上了牛角，双鸟被黥到了双颊上，而三尖皇冠被夸大成更宏伟的太阳神冠，说明在良渚文化时期，牛耕已取代了象耕，大象已经不受崇拜[258]。高庙文化的影响在现代人的生活中仍能找得到，现在苗族、侗族、土家族、瑶族妇女的织锦上还保存了"双鸟朝神人图""双鸟朝嘉禾图""双鸟朝阳图"等图案[259]。

二、高庙文物遗址发掘

我国古湘西地域高庙遗迹带有了重大发掘，几乎一夜之间，五溪之地一洗"蛮夷"恶名，跨入了中华文明的远古正史[259]。2005 年 3 月至 8 月底第三次发掘，也是迄今为止规模最大、范围最广的一次，前后圈挖了逾 1100 多平方米[259]。高庙文化遗址在湖南沅水河谷冲积台地上，是保存完好的新石器时代贝丘遗址，分布面积约 1.5 万平方米，文化堆积最厚处距地表 5 米多[259]。高庙之所以敢称"文化"，除了发掘挖出的文物丰富外，其诸多"第一"更为其增添了深厚底气。高庙遗址挖出的白陶罐，其颈部和肩部各戳印有东方神鸟（包括兽面、太阳）图案，一只朝向正面，一只侧面回首，虽经年代浸淫，依旧栩栩如生。专家鉴定，湘西沅水凤凰早于河姆渡凤凰 400 年[259]。"太阳崇拜"是远古先人追求天人合一的又一种精神情结。2005 年 4 月，高庙遗址挖出"太阳"彩陶，已历 7400 余岁，为新石器早期陶工艺品。令专家心仪的是，此陶不仅有逼真的"红日"形象，还是我国挖掘出的最早的陶工艺品[259]。在高庙遗址带挖掘出了 60 余个"世界之最"，所以说高庙文化是中华文明的一座里程碑，也是世界人类文明史上的一座丰碑。这里曾经创造过光辉灿烂的中华农耕古文明，已为不争的事实。

三、高庙文化与儒家文化

长江流域的高庙文化，自力更生、勇于抗争、不怕输、不服输的民族精神，也是我们中华民族的信念[259]。用湖南方言说：吃得苦，耐得烦，霸得蛮！回望中国社会历次社会大变革，不是从南向北，就是由北往南迁徙[258]。不管是"东风压倒西风"还是"西风压倒东风"，它都是中华 8000 年社会文明的两个方面，也叫矛盾的统一体[258]。儒家文化讲究"天命论"，要求老百姓以"礼"当先，做顺民。直到孔子临死前，他才弄明白自己所创立的学说，他要学生把遗言写下转抄，传承留在了长沙"马王堆"的简牍里[258]。"高庙（巫傩）文化"它号召人们"自力更生，勇于抗争，不怕输，不服输"输了可重来。两者都在推动中华民族发展、进步、创新[259]。

第十二章　武陵山区文化旅游资源分析

第一节　核心资源分布

武陵山区主要文化与旅游资源详见表12-1、表12-2。

表12-1　武陵山区文化与旅游景区及资源（物质类）

行政区域	名称
湘西洲	老司城土司遗址世界遗产、凤凰古城、乌龙山地质公园、西水河国家湿地公园、矮寨景区、吕洞山古苗寨群、芙蓉镇·红石林度假区、边城
张家界市	张家界世界自然遗产、天门山景区、张家界大峡谷景区、黄龙洞、金鞭溪景区、大庸古城、古庸国遗址、《印象·张家界》《魅力湘西》、大湘西映像园
怀化市	抗战胜利城——芷江、洪江古商城、万佛山、通道皇都古侗寨、转兵纪念馆、黔阳古城、荆坪古村·牂牁古国之都且兰古城、借母溪自然保护区、沅水校经堂
湖南其他市 （武陵山区域内）	崀山（新宁）、梅山龙宫和紫鹊界梯田（新化）、壶瓶山（石门）、安化（茶马古道）
宜昌市 （武陵山区域内）	清江画廊、柴埠溪、九畹溪、三峡人家、晓峰、后河、车溪、青龙峡、鸣凤山、大老岭、灵龙峡、武落钟离山、屈原故里、昭君故里
恩施州	恩施大峡谷、腾龙洞、齐岳山、大水井、鱼木寨、水杉王、坪坝营、野三河、梭布亚、彭家寨、仙佛寺、舍米湖摆手堂、屏山、容美土司遗址、燕子坡立谷、满山红纪念园

行政区域	名称
铜仁市	世界遗产·梵净山景区、中国傩文化博物馆、周逸群烈士故居、九龙洞国家级风景名胜区、中南门古商埠文化街区
遵义市（武陵山区域内）	务川县仡佬文化旅游景区、凤冈县茶海之心景区、飞龙寨景区、海龙屯土司遗址
武隆、酉阳、彭水、黔江	武隆天坑地缝（世界自然遗产）、天生三桥、仙女山、芙蓉洞、芙蓉江、龚滩古镇、酉阳·桃花源景区、乌江画廊、黔江小南海
秀山、石柱、丰都	大溪酉水风景区、洪安、龙凤花海、大风堡景区、白天池滑雪场、西沱古镇、丰都名山

表 12-2　武陵山区文化与旅游资源（非物质类）

行政区域	名称
湘西州	土家打溜子、土家摆手舞、湘西苗族鼓舞、湘西土家族毛古斯舞、辰河高腔、土家族织锦技艺、苗族银饰锻制技艺、土家族《梯玛歌》、土家族咚咚喹、凤凰纸扎、踏虎凿花、蓝印花布印染技艺、苗族服饰、盘瓠传说、土家哭嫁歌、苗画、土家吊脚楼营造技艺、苗族四月八、土家年、苗族古歌、挑花（苗族挑花）、苗医药（癫痫症疗法）
张家界市	桑植白族仗鼓舞、毛古斯、土家摆手舞、桑植民歌
怀化市	傩戏（侗族和辰州）、靖州苗族鼓舞、上河阳戏、赛龙舟、花瑶挑花、石雕、侗织锦技艺、目连戏、芷江孽龙、芦笙音乐、茶山号子
湖南其他市（武陵山区域）	桩巴龙传说（石门）、千两黑茶制作技艺（安化）、新化山歌、傩戏（梅山傩戏）、梅山武术、岩鹰拳（新宁县）
宜昌市	屈原传说、王昭君传说、都镇湾故事、宜昌堂调、沮水鸣音（远安县）、薅草锣鼓（宜昌）、长阳山歌、长江峡江号子（宜昌）、兴山围鼓、五峰土家族告祖礼仪、土家族撒叶儿嗬（五峰县）、五峰打溜子、嫘祖庙会、远安花鼓戏、南曲、宜城兰花筒、枝江楠管

行政区域	名称
恩施州	土家族摆手舞、薅草锣鼓（宣恩县）、喜花鼓（建始县）、利川灯歌（利川市）、建始丝弦锣鼓、长江峡江号子（巴东县）、鹤峰围鼓、土家族撒叶儿嗬（巴东县）、建始闹灵歌、耍耍（宣恩县、恩施市）、地盘子、宣恩土家族八宝铜铃舞、肉连响、地龙灯、傩戏、南剧、恩施灯戏、鹤峰柳子戏、巴东堂戏、恩施扬琴、利川小曲、满堂音、恩施社节、西兰卡普
铜仁市	巴狄雄萨滚（松桃县）、松桃苗绣（松桃县）、元宵节德江炸龙（德江县）、仡佬族民歌（石阡县）、仡佬毛龙节（石阡）、木偶戏（石阡）、傩戏（德江）、花灯戏（思南）、玉屏箫笛制作技艺（玉屏）
遵义市	赤水独竹漂、茅台酒酿制技艺、廖元和化风丹制作技艺、桐梓苗族服饰、仡佬族傩戏、仡佬族三幺台习俗
黔江区、秀山县	南溪号子、秀山花灯、秀山民歌、酉阳民歌、酉阳古歌、彭水狮舞、土家族吊脚楼营造技术（石柱）
武隆区	土家打溜子、土家三棒鼓、咚咚喹、土家山歌、茅古斯舞、摆手舞、苗族鼓舞、土家织锦、土家族吊脚楼营造技术、苗族银饰锻造技艺

第二节　主要资源评价与分类

参考有关标准，从资源要素价值、资源影响力两方面进行综合定量评价，可将武陵山区主要文化与旅游资源划分为世界级、国家级两类品牌资源[260]。

世界级文化与旅游品牌资源包括：被世界性权威组织机构认定的资源，如世界遗产、世界地质公园、联合国人与生物圈保护区网成员；被学术界公认的具有世界性影响的资源[260]。详见表 12-3。

表 12-3　武陵山区世界级文化与旅游品牌资源

名称	资源评价
张家界石英砂岩峰林	世界自然遗产
南方土司遗址	世界文化遗产
武隆天坑地缝	世界自然遗产
崀山丹霞地貌	世界自然遗产
梵净山	世界文化与自然双遗产
凤凰古城	中国历史文化名城（中国最美的小城）

国家级文化与旅游品牌资源包括：中国历史文化名城（镇、村）、国家重点文物保护单位、国家级非物质文化遗产、武陵山区代表性民间工艺、国家 4A 级景区、工农业旅游示范基地、国家森林公园、国家自然保护区、国家湿地公园等。

第十三章　武陵山生态文化旅游区模式解析

2008 年 11 月，湖北省委、省政府做出重大战略决策，在着力开展国家批准的鄂东地区"武汉城市圈"两型社会建设的同时，运用后现代理念，激活武陵山区丰富的生态、文化等资源优势，破解交通、体制、机制等瓶颈障碍，协调组织建设"武陵山区生态文化旅游圈"，使其成为国内著名、国际知名的旅游目的地[261]。武陵山区的文旅融合正式进入省一级政府统一部署。2009 年大湘西生态旅游圈建设正式启动，贵州东部、重庆东南部联合行动进行生态文化建设。2011 年 11 月，国家在武陵山片区率先启动区域发展与扶贫攻坚试点[261]，为武陵山片区的文旅融合提供了国家平台。

武陵山区是以武陵山脉为中心（包括山脉也包括其中的小型盆地和丘陵等），以土家族、苗族、侗族为主体的湘鄂渝黔四省（市）毗邻地区，总面积 11 万多平方公里，总人口为 2300 多万人。其中，土家族、苗族、侗族等 30 多个少数民族共 1100 多万人，约占总人口的 48%[262]。本区域是中国区域经济的分水岭和西部大开发的最前沿，是连接中原与西南的重要纽带。本区域集革命老区、民族地区和贫困地区于一体，是跨省交界面大、少数民族聚集多、贫困人口分布广的连片特困地区[263]，也是重要的经济协作区。武陵山区有中国南方土司遗址世界文化遗产 1 处，武陵源、武隆喀斯特、崀山丹霞、梵净山四处世界自然遗产 4 处，以及 2 个世界非物质文化遗产（木结构营造技术和侗族大歌）、11 个国家自然保护区、30 个国家非物质文化遗产、12 个国家级风景名胜区和 9 个国家地质公园[262]。武陵山区集中了楚文化、巫傩文化、巴土文化和宗教文化等 4 大文化，毗邻举世闻名的三峡工程和南水北调中线工程水源地，有着以土苗少数民族风情和武当山地区民间故事为代表的民俗文化，承东启西，连南接北，是入云川的重要通道，与世界知名的西安、桂林、渝东等风景名胜旅游区道路相连[262]。然而，武陵山区山高谷深，是聚老、少、山、穷、库区为一体，经济社会发展相对滞后[263]，确保经济平稳较快发展至关重要。因此，旅游是一个重要的突破口，域内张家界—凤凰—梵净山成为世界著名的黄金旅游线路。

第一节 文化旅游发展瓶颈

构建武陵山生态文化旅游区，仅就旅游发展而言，至少需要破解五大瓶颈因素。

一、基础设施建设落后

武陵山区的旅游资源大多分布在"老、少、穷、库"等地，交通、通信、市政等基础设施建设滞后，公共服务设体系不健全，导致旅游目的地尚未真正形成，以过境游、接待游、出差游等为主[262]。武陵山地区景区公路等级低，到核心景区的高等级公路少，不少景区景点之间是"断头路""回头路"，路况较差[262]。80%游客因交通不够快捷，游完一个景区就原路返回。连接省外的快捷通道不畅，如宜昌、恩施与重庆、张家界和湘西等地区之间正加强快速通道对接，邻省市国际级风景区的客源因交通障碍难以流入武陵山区[262]。武陵山区虽有机场，但缺乏起降大型客机的条件，不仅无直飞国际航班，飞国内各省会城市、旅游城市的航班也少，区域外游客进出难仍比较严重，一些高端游客望而却步[262]。

二、配套设施建设滞后

武陵山区大部分是山区，一直以来各地对旅游的财政投入非常有限，公共服务设施建设落后，食、住、娱、行、购、游的配套水平较低。众多森林公园基础设施建设更是落后，可进入性很差[262]。

三、资源开发水平不高

武陵山区旅游资源丰富，但旅游业规模不大，吸引游客较少，而且游客的消费少。武陵山区 60%的游客是"一日游"，游客平均消费800 元，消费额仅达全国平均水平的 80%[262]。旅游资源整合不够，存在行业分割、地方分割问题，缺乏统一规划和有效合作，各自为政，分散经营，旅游市场无序竞争严重，有的地方甚至出现恶性竞争[262]；各地仍习惯于孤立地发展旅游，旅游业与其他产业缺乏有效衔接，大旅游产业体系尚未建立；资源深度开发不够，还停留在简单的观光旅游和浅层次休闲度假功能上，对文化内涵和地域文化价值的挖掘与创新不够，有特色的旅游产品少，附加值低[262]，如梵净山佛教文化旅游缺乏深度开发和包装，游客尚停留在看山、看寺院的观光游层面，无法满足游客体验佛教文化的深层次需求，仍未形成在国内外有影响力的品牌和产品；对旅游资源的保护也不够[263]，如酉水河闯滩曾是国内品质最高的水上漂流项目，恩施过去有很多瀑布、峡谷和溶洞景观，都因为开发水电站而不复存在[262]。

四、市场运作能力较低

一方面，缺乏高水平的市场化包装和营销。各地在对外宣传和旅游策划上往往各自为政、手段落后，旅游知名度较低[262]。多年来，武陵山区旅游业依旧停留在"靠山吃山、靠水吃水"和"等客上门"的粗放型经营阶段[262]。另一方面，缺乏规模大、实力强的旅游业市场主体。目前武陵山大型旅游企业不多，域内仅几家上市旅游企业。由于旅游开发项目普遍投入小、运作能力低，一些景区因自身无力开发，又找不到有实力的开发企业，只好允许小业主、小商人低水平开发，或出让土地给某些部门、单位建招待所[263]。

五、存在体制机制障碍

一些景点、景区管理体制不顺，文旅部门、环保、建设、林业、国土等许多部门职能存在交叉，同一个景点多头管理；跨区域景区往往因行政障碍影响资源整合、协同发展。例如，恩施大峡谷—凤凰古城—梵净山黄金旅游线跨鄂湘贵，旅游发展规划由谁牵头至今难以确定。同属湖南的桃花源、张家界、凤凰等不同景区，由于条块分割的景点管理体制，分属于不同部门各自发展，协调管理难度非常大。投入、经营机制也不够灵活。大部分地区在旅游开发投入机制上仍是政府主导型模式，市场化、产业化、组织化程度不高，吸引社会资本能力不强，投入能力不足。有的景点政企不分、政事不分、产权不清，不利于市场化运作；有的景区思想不够解放，缺乏资源整合、市场合作理念，开发经营方式单一，直接影响旅游产业的发展活力[263]。

建设武陵山区生态文化旅游圈是一项复杂而艰巨的社会系统工程。国家层面已明确发展目标：要通过加大政策扶持力度，创新体制机制，力争用五至十年的时间，改变武陵山区的现状，使其成为集生态观光、民俗体验、康体娱乐等功能于一体的综合性旅游圈、生态文明圈、科学发展圈，并以此促进这一区域乃至全省经济社会又好又快发展[262]。

第二节 发展思路与目标

武陵山生态文化旅游区的基本内涵是"以丰富的生态文化资源为基础、以发达的旅游业为引擎，推动区域联动、资源整合、整体开发、互利共赢，促进武陵山区又好又快发展，加快湘鄂渝黔四省市全面建设小康社会的进程，努力构建促进中部地区崛起的重要战略支点"。从这里可以看出，武陵山生态文化旅游区不是简单的旅游区，而是从根本上以人为本、在方法上更加科学的复合区[262]。

一、总体思路

武陵山片区包括湖北、湖南、重庆、贵州四省市交界地区的 71个县（市、区），少数民族人口约占全国少数民族总人口的 1/8，集革命老区、民族地区于一体[262]。根据国家部署，2012 年 4 月 6 日，国家民委印发《关于推进武陵山片区创建民族团结进步示范区的实施意见》。多年来，鄂湘渝黔四省市党委、政府立足于武陵山片区实际，广泛开展民族团结进步创建活动，不断巩固和发展平等团结互助和谐的社会主义民族关系，武陵山片区呈现出各民族团结和睦、共谋发展的良好局面，为在新的起点上实现《规划》提出的把武陵山片区建设成"长江流域重要生态安全屏障区、集中连片特殊困难地区扶贫开发示范区、协作发展创新区、旅游经济示范区、民族团结模范区"（以下简称"五区"）的战略目标奠定了坚实基础[263]。多彩的民族文化是武陵山片区旅游发展的核心资源，推进武陵山片区民族团结进步示范区建设，进一步实现武陵山片区经济社会全面发展的必然要求[262]。

一是在后现代理论指导下确立武陵山区生态文化旅游圈跨越式发展的整体战略。强化战略规划和政策制度的激励与约束，保证武陵山区生态文化旅游圈在推进现代化过程中既展示出后现代的核心理念，又借助于后现代视野来扬弃以工业化为基础的传统现代化的局限，借鉴并超越世界上先进发达国家的历史经验，避免现代化进程对资源环境与优秀传统文化的破坏性影响，实现武陵山区生态文化旅游圈人与自然、人与社会的和谐发展[262]。

二是文旅资源创新管理体制、经营机制、投融资体制和利益机制。根据武陵山区生态文化旅游圈经济欠发达而生态文化资源丰富的初始条件，通过建立健全激励机制，推动武陵山区生态文化旅游圈创新转变经济发展模式，提升武陵山区生态文化旅游圈生产力形态[262]。优化产业结构，调整和完善武陵山区生态文化旅游圈的经济空间布局，打造"生态文化旅游资源开发—产品集成—产业集聚—综合效益"的武陵山区生态文化旅游圈经济社会发展模式，形成支撑内生增长方式的原动力[263]。在实施步骤上突出"交通先行"战略和"一江两山"（长江三峡、神农架、武当山）重点，利用资源整合提升，形成新的发展机遇，实现武陵山区生态文化旅游圈与武汉城市圈、长江经济带呼应互动的"两圈一带"区域发展新格局[262]。

三是开发三横三纵生态文化旅游路线。一横串起鄂西画廊，昭君故里—恩施大峡谷—长阳河谷风光；二横串起湘渝画廊，武隆天坑地缝—黔江小南海、桃花源（酉阳）—张家界风景区—常德（桃花源、柳叶湖）山水风光；三横串起务川仡佬族文化区—碧江梵净山佛教文化—凤凰古城戍边文化—通道皇城相都侗族文化—岜山苗族文化的多彩文化廊道。一纵串起壶瓶山—张家界—矮寨—紫鹊界梯田自然奇观；二纵串起清江画廊—恩施大峡谷—乌龙山大峡谷（土家生态民俗区）—红石地质公园—凤凰古城—新晃古夜郎国文化—桂林风情文化廊道；三纵串起武隆—黔江—秀山—边城—里耶古城—迁陵古城—芙蓉镇历史古城文化长廊。对武陵山区生态文化旅游圈建设发展起到巨大推动作用。到 2023 年，武陵山区的生态文化旅游将形成"三横三纵，穿珠连玉、路景相融、便捷舒适"的特色旅游交通圈；"资源节约、环境友好、自然和谐"的生态文明交通圈；"内畅外联、辐射全国、换乘便捷"的综合交通运输网络；"集约高效、安全优质、文明规范"的现代交通服务网络。交通在武陵山区生态文化旅游圈社会经济发展中的先行作用得到充分发挥。

武陵山边域地区整合行政资源和市场资源一体化运作的神旅集团公司重大项目、恩施大峡谷项目等，区域内古城、旅游名镇、旅游名村等一系列项目建设也如火如荼。文化建设取得重大进展，打造了《魅力湘西》《三峡风情》《桃花源记》《烟雨凤凰》《印象张家界》等一批各具特色的文艺作品，成功举办了世界华人炎帝故里寻根节[263]、德夯国际苗鼓节、张家界音乐节、新晃夜郎文化节、苗族盘瓠文化节、凤凰国际巅峰围棋文化旅游节等一系列有影响的节会活动，尤其是由鄂西牵头申报的"中国端午节"成为中国首个入选世界非物质文化遗产的节日，已成为武陵山区生态文化旅游靓丽的文化名片[263]。

二、远期目标

以保护武陵山区丰富的物质与非物质文化遗产的多样性、原真性、整体性为宗旨，完善武陵山区文化遗产资源保护—修复—建设—利用的保护开发体系，建立文化遗产保护、公共文化服务、文化产业发展与文化旅游发展相互支撑的体制结构，推进文化、生态与经济社会的协调发展[262]。在系统保护武陵山区珍贵生态文化资源的基础上，以旅游目的地的建设为重点，以精品建设、特色建设、重点项目建设为抓手，以"黔渝古韵湘楚风·山水华章——中国武陵山区"为主题口号，把武陵山区打造成为中国一流、世界知名的生态文化旅游目的地和世界上经济欠发达地区通过生态文化旅游实践实现社会、经济、文化和谐发展的最佳生态文化旅游示范区[262]。

三、发展模式

创建"整合—协同"文化旅游发展模式，推进武陵山区的经济社会发展。实现文化遗产保护上政府主导力量与社会参与积极性的整合，文化资源建设开发上的国家力量与社会力量的整合，文化产业发展上的政策资源与创意资源的整合[265]；实现物质文化遗产保护与非物质文化遗产保护的协同，文化遗产保护与合理开发利用的协同，文化遗产资源建设与旅游业发展的协同[262]。

推行"以旅游产业集聚为平台，推进生态文化产业发展及特色产业发展的内生增长"模式，促进武陵山区文化旅游业的良性发展，其核心是推进生态赋存、文化资源在旅游产业发展的平台上整合，完善并利用武陵山区丰富的生态文化资源[266]，建立武陵山区旅游业发展的自我循环式动能系统，取之于生态、文化资源，用之于生态、文化发展，最终形成区域保护生态文化资源、利用生态文化资源、发展生态文化资源的自我协调、自我循环的文化旅游产业经济系统[262]。

第三节　文旅融合空间布局

确立武陵山区"一圈三系八线六中心"的文化发展空间布局[262]。立足区域丰富的历史文化和现代科技文化资源特色及优势地理位置，建设武陵山区民族民间文化资源与生态建设、文化旅游发展整体活态保护的国家试验示范圈；结合经济建设进程，重心下移，配套建设武陵山区文化遗产保护、公共文化服务和文化产业发展三大体系[262]；根据文化资源的分布情况，重点建设屈原文化线、巴土民俗文化线、巴渝文化线、夜郎文化线、宗教文化线、侗苗文化线、仡佬族炼丹文化和现代科技文化线六大文化线[263]；根据区域 6 核心市（州、区）不同的资源禀赋，确立差异化的文化发展定位，建设张家界、湘西州、怀化、恩施、铜仁、黔江 6 大区域文化中心，将荆州建成中国乃至世界级的楚文化展示和研究中心，将铜仁建成夜郎国旅游文化展示中心，将恩施建成楚文化展示中心，将湘西建成土苗民俗风情文化展示中心，将怀化建成现代汽车文化和宗教文化展示中心，将黔江建成高山高端生态疗养和文化旅游中心，将张家界建成楚文化旅游与山水休闲旅游的综合性旅游中心，并成为门户和通道[262]。以"一圈"为平台，以"八线"为网络渠道，发挥六个文化中心区的拓展效应、带动效应、辐射效应和示范效应，实现对区域文化发展的引领和促进作用，形成点、线、片相结合的梯度发展结构，逐步形成互动强势、协作紧密、优势互补、利益共享的文化发展共同体[263]。

第十四章 武陵山生态文化旅游区
文旅融合路径

第一节 文旅融合手段

一、以文化资源保护与开发促进文旅融合

完善文化遗产保护的载体。建立完善区域以收藏、展示、教育、研究和修复为主，集交流、购物、休闲于一体的综合性和专业性的现代博物馆。利用现代化数字信息技术，建设一批数字博物馆，加强对武陵山区非物质文化遗产的档案资料，包括手稿、音乐、照片、影像、艺术图片等的技术保护。以区域内丰富的楚文化、三国文化、宗教文化遗产资源为基础建设文化遗址公园。提升武陵山区历史文化名城的保护水平，进一步规划打造区域乡土民俗型和革命历史型的历史文化名镇名村、历史特色文化街区。在湘西、张家界、恩施等文化遗产集中城区，推进文化资源要素汇聚，着重打造城市文化记忆广场。加强武陵山区土（家）苗民俗文化和江汉平原特色文化产品的创作展示，打造武陵山区特色民俗演出和文艺节会。

配合武陵山区文化旅游发展、经济建设和社会发展，开展非物质文化遗产普查工作。按照分级负责的原则，加大对非物质义化遗产的投入，制定武陵山区国家、省级和地区非物质文化遗产保护规划体系。采取与市县博物馆联合共建或单独建设的方式，建立非物质文化遗产资料库或展示研究中心。落实和完善征集与保管制度，抓紧征集具有历史、文化和科学价值的非物质文化遗产实物与资料，抢救武陵山区

珍贵非物质文化遗产。加强对区域民间工艺的研究和开发，落实相关工艺产业化的支持政策。进一步完善评审标准，制定科学的保护计划，明确有关保护的责任主体，逐步建立国家和省、市、县非物质文化遗产四级名录体系。加强区域少数民族文化遗产和文化生态区的保护，对武陵山区物质文化遗产丰富且传统文化形态保存较完整的区域，实行有计划的活态性整体性保护。实施传承人资助计划，对列入省级以上非物质文化遗产名录的代表性传人，有计划地提供资助，鼓励和支持其开展传习活动。

二、以文化遗产的管理与利用激活文旅融合

按照世界文化遗产、全国重点文物保护单位和省级、市级文保单位的资源品级，落实相应的文物保护责任。严格执行重大建设工程项目审批、核准和备案制度，从制度和体制上完善重大建设工程中的文化遗产保护工作的地位。以重点文物维修工程为基础，统筹规划，实施一批文物保护重点工程，加强对重要濒危文物的保护。完善武陵山区历史文化名城、街区和村镇的申报和遴选，加强历史文化名城、街区和村镇的保护。以博物馆、纪念馆免费开放为契机，新建、扩建和改建一批市州和中心县博物馆。加强对文物市场的调控和监督管理，规范文物经营和民间文物收藏行为，清理整顿文物流通市场，确保文物市场健康发展。加强文化遗产保护的宣传教育，形成全社会关心文化遗产的社会氛围和社会共识。

加强对武陵山区丰富文化遗产的研究，充分发挥遗产的文化辐射、文化传播和文化影响力，提升武陵山区文化遗产资源的整体品质。整合区域文化遗产保护和研究机构与重庆、武汉、长沙地区及全国高校的研究机构，组建高层次的武陵山区文化遗产研究院，开展武陵山区文化高峰论坛，引导建立武陵山区的文化共识，打造武陵山区精神家园，提升武陵山区的文化软实力。

加强武陵山区公共文化服务体系的能力建设，拓展文化遗产的社会教育功能。建立完善公共文化配套设施体系，提升博物馆、纪念馆的陈列展示水平。结合国家公共文化服务体系建设的进程，引入网络、

地理信息、虚拟现实、数据仓库等高新技术手段建设配套软环境，提供全方位、沉浸式、交互性的文化遗产展示和文化体验产品，推进博物馆、纪念馆进课堂、进学校、进社区，整体提升博物馆、纪念馆的社会服务能力。

保护武陵山区文化资源的多样性，提高文化遗产对社会经济的整体贡献率。明确责任主体，落实支出责任，保护武陵山区文化资源内容的多样性、类型的多样性和载体的多样性，为武陵山区发展提供思想文化资源的支撑；研究开发武陵山区非物质文化遗产资源，建设文化创新和文化创意的资源基础。促进文化遗产事业与旅游业、文化产业的结合，提升武陵山区经济社会发展水平，优化产业结构。在有效保护文化遗产的同时，促进文化遗产资源科学、适度、合理利用，通过启动和实施历史文化名镇（村）、重点乡土建筑群、大遗址公园、遗址博物馆、非遗展示园区等文化遗产保护与利用的示范工程，逐步形成区域社会、生态环境和区域经济和谐发展，进一步带动社区就业，实现育民、富民、利民，促进区域文化遗产保护与区域社会的和谐、协调发展。

三、以公共文化服务体系建设拉动文旅融合

以政府为主体，加强对农村和基层公共产品的供给。根据人民群众的公共文化需求类型，着重保障提供电视、广播、电影、图书、报刊、戏曲、互联网公共信息、文化和体育（科技培训）活动等公共文化产品的生产与供给。

疏通农村和基层公共文化传播渠道，重点建设农村和基层广播电视传输渠道、电影放映发行渠道、图书报刊发行渠道、戏曲演出渠道、农村和基层互联网信息渠道与基层文化人才流通渠道[262]。

完善市、县、乡、村四级公共文化设施网络体系。重新规划设计市（州、林区）群众艺术馆的功能定位，整合市州群众艺术馆与博物馆的功能，整体规划市州物质文化遗产与非物质文化遗产的保护、研究和社会服务功能。建设县级综合性文化中心，支持建立集博物馆、文化馆、图书馆和影剧院于一体的县级文化中心[262]。按照"三室一厅"

建设规范，新建、改建一批乡镇综合性文化站。按照国家有关部门统一的建设规划，整合农村文化资源，建立健全村级文化活动室。按照政府资助建设、鼓励社会捐助、农民自我管理的要求，与农村基层组织活动场所建设等相结合，稳步推进农家书屋工程建设。利用武陵山区生态文化旅游信息基础平台，支持建设数字博物馆、数字图书馆及数字影剧院，充分发挥互联网的宣传作用，对外展示武陵山区的文化底蕴和风土人情。

四、文化旅游产业体系建设推动文旅融合

根据武陵山区文化旅游业发展的实际，夯实区域文化旅游业的发展基础，以推进区域重点行业、重点环节和重点项目建设为抓手，推动武陵山区经济结构优化和增长方式的转变。

确立重点发展行业和重点发展领域。重点推进武陵山区新闻出版业、报纸期刊业、广播电视业、演艺业和娱乐业等传统文化产业的发展壮大，大力发展文化会展业、网络文化产业、文化旅游业等新兴文化产业。在武陵山区选择规模较大、业绩优良的文化旅游企业作为基础，借助于武陵山区文化投资平台，通过资金和资产纽带，建设武陵山区公共广播频道、区域公共电视频道、区域出版发行机构等，打造一批广播电视、报业、演艺业和制造业产业集团；以区域特色文化为基础，重点建设楚文化、三国文化、炎帝神农文化、古代音乐文化、民俗文化、现代水电科技文化产业园区，打造一批文化产业聚集区（园区）；发展文化制造业，重点打造宜昌钢琴产业基地、武陵山区影视基地和动漫游戏加工基地，加工提升了一批民族文艺精品。

明确政府支持的重点环节。区域地方政府和部门重点支持原创研发环节、原创作品的产业化环节、品牌塑造和推广环节、产品推广和市场营销环节、产品国际营销环节等，重点资助产业区域一体化或集群化发展项目、农村文化产业发展项目、后产品开发项目、延长产业链项目、"专精特新"中小文化企业产品项目、各种市场中介机构发展项目等。

重点扶持和资助有利于文化旅游产业发展的基础性项目。以政府

投入为导向，引导社会力量优先建设发展基础设施、公共信息平台、生产要素机制整合创新和产业环境优化等涉及文化旅游产业发展基础的项目，涵盖武陵山区文化旅游产业高级经营管理和营销策划人才培养项目，区域特色文化资源整理和开发项目，区域文化资源数字化开发项目，剧场建设、公共技术平台建设、公共信息平台建设等基础设施建设项目，文化创意大赛、创业竞赛、中小型企业文化创意评奖等文化创意培育和开发项目，文化产业战略研究、政策研究和关键性核心技术研发等文化产业研究和创新项目，文化产业投资基金和担保基金项目，政府文化产品出口奖、文化产业发展贡献奖等政府奖励项目等。

第二节　旅游业发展目标

一、文化旅游业内涵建设

1. 综合打造"一四六"文化旅游目的地

（1）一条廊道——大湘西生态文化旅游黄金走廊。以常张高速和规划期内建成的张花高速、包茂高速为依托，连接常德、张家界、湘西自治州、怀化、邵阳，并进一步向外延伸到桂林、柳州、武隆、大足和长江三峡等知名旅游地，形成以世界遗产旅游、生态旅游、民俗旅游为特色的黄金旅游带状区域。与豫西、武陵山区、渝东、黔东南、桂北共同打造未来中国中西部地区重要的生态与民俗旅游走廊。

（2）四条精品旅游带。一是大湘西世界遗产旅游带：以张家界、崀山二大世界遗产为核心，以未来建成的张崀桂高速为轴线，以城头山、里耶古城、老司城为延伸辐射带，打造世界自然遗产与民族非物质文化遗产旅游产品有机融合的遗产旅游集聚带[261]。二是沅水山水民俗景观带：依托沅水，打造以傩文化为代表的集各类非物质文化遗产、历史文化、土苗风情和自然山水为一体的山水民俗景观带[262]。三是沪昆高铁民俗生态旅游带：以未来建成的沪昆高铁为轴线，以古城古镇古村落文化、抗战文化、夜郎文化、稻作文化、生态旅游为鲜明特色，打造一条大湘西重要的民俗和生态旅游走廊。四是原生态自然风光旅游带：从通道经绥宁黄桑、城步南山、老山界，到新宁崀山，并经永州延伸至江华、江永两县，立足保存完好的原生态资源与环境，辅以侗、苗、瑶原生态民俗文化，打造原汁原味的大湘西原生态自然风光旅游带[263]。

（3）六大旅游板块。一是张家界奇山异水遗产旅游板块：以张家界市为主体区域，以世界遗产武陵源为核心资源，以天门山、永定城区、张家界大峡谷、江垭温泉、万福温泉、八大公山为重要依托资源，形成"奇山异水"的区域旅游品牌形象。加快高速公路、铁路建设，积极开拓航班航线，继续完善特色宾馆、特色餐饮、大型购物中心等旅游配套服务设施，引导现代服务业集聚化发展，加强与周边旅游区协作，强化辐射功能，带动大湘西旅游整体发展。二是大桃花源山水田园休闲度假旅游板块：以常德市为主体区域，以桃花源、柳叶湖、城头山、花岩溪、壶瓶山、西洞庭湖湿地和沅江风光带为资源依托，打造集人文景观、自然风光、现代都市风情、城市休闲度假带为一体的综合性旅游目的地。三是湘西文化生态风情旅游板块：以湘西自治州为主体区域，以凤凰古城为龙头，以芙蓉镇景点圈、里耶景点圈、乾州景点圈为重要依托，以神秘、多元的湘西民俗文化为主要特征，打造璀璨夺目的土家族、苗族人文生态旅游区。四是怀化古城古镇古村旅游板块：以怀化市为主体区域，以洪江古商城、黔阳古城、夜郎古国、荆坪古村、高椅古村、皇都侗寨、芋头侗寨为资源依托，打造独具魅力的生态文化旅游目的地和贯通南北的旅游大通道。五是大崀山原生态文化旅游板块：以邵阳市为主体区域，以崀山世界自然遗产为核心资源，以南山、云山、黄桑、虎形山、通道万佛山、魏源湖、武冈古城、邵阳市区为资源依托，大力发展生态旅游和遗产旅游，打造大湘西原生态文化旅游目的地。六是中华瑶乡民俗文化旅游板块：以永州的江华、江永两县为主体区域，以瑶文化、女书文化为核心资源，以千家峒、上甘棠、女书风景区、涔天河、秦岩、阳华岩、九龙井、姑婆山、黄龙山、大龙山为资源依托，以神秘、原生态的民俗文化为主要特征，打造大湘西民俗文化旅游示范基地、世界瑶文化旅游中心。

2. 加强重点文化旅游景区建设

（1）酉水、沅水、澧水生态文化旅游区。主要解决内部循环和外部联动发展、景区生态文化内涵的深度开发等问题。（2）武陵源原生态旅游景区。主要解决旅游类型和旅游功能定位的转换问题（由现在的大众旅游逐步向高端旅游转换，由现在单一的观光旅游功能向休闲养生康疗兼具观光的旅游功能转换），打造具有高品质、高享受、高服务的极品休闲养生康疗旅游胜地。（3）南方土司遗址世界文化遗产旅游景区。旅游主题对外定位为"文化瑰宝，土司文化之源"，并以土司遗址为基础形成文化、休闲、养身、康疗旅游产品链。（4）恩施清江民俗风情旅游景区[262]。主要解决可进入性问题，并围绕树立和推广"生态恩施州，民俗风情园"的主题形象，扩大现有景区的规模建设和相关辅助景区的建设，以点带面，滚动发展，形成独具特色的民俗风情线旅游产品链。（5）古文化旅游景区。整体保护与开发澧州古城，扩建里耶秦博物馆、城头山大遗址公园和丰都遗址博物馆，配合楚文化旅游产品设计而新建"楚乐宫"和文保中心（楚文物修复、研发和生产），提升博物馆旅游功能，实现楚文化旅游产品创新。解决景区祭祀文化、拜谒、旅游等功能的单一性和静态性问题[262]。

3. 积极开发专题文化旅游产品

积极开发专题文化旅游产品。（1）养疗康体专题旅游产品：张家界、桃花源、清江、壶瓶山、热市温泉。（2）地质科普探险专题旅游产品：柴埠溪、利川腾龙洞、恩施大峡谷、梭布亚石林、鹤峰燕子坡立谷、奥陶纪地质公园、远安冰川纪石林地质公园。（3）湿地公园鸟类观光专题旅游产品：洪湖湿地、神农架大九湖。（4）现代生态农业观光体验专题旅游产品：当阳、五峰、枝江、秭归。（5）土家民俗风情专题旅游产品：摆手堂、鱼木寨、大水井、唐崖土司城遗址、容美土司屏山爵府、女儿会、武落钟离山。（6）大型节庆专题旅游产品：吉首国际苗鼓节、恩施国际摆手节、张家界国际摄影节。（7）古人类起源探索专题旅游产品：郧阳人头颅化石遗址、建始直立人、巴东步氏巨猿、长阳人。

4. 优化设计精品文化旅游线路

整合旅游资源，完善线路体系。积极开发恩施峡谷民族文化之旅、武隆地质研学科考之旅、梵净山宗教文化之旅、常德休闲度假之旅、张家界世界遗产之旅、湘西自治州民俗风情之旅、怀化中国第一古城古镇古村休闲之旅、邵阳森林草原生态之旅、江华江永民俗风情之旅等 23 条市州内基础旅游线路[263]，重点整合开发神秘武陵山之旅、遗产武陵山之旅、生态武陵山之旅、创意武陵山之旅、红色武陵山之旅、科考武陵山之旅、探险武陵山之旅、漫画武陵山之旅等 8 条跨市州经典旅游线路，主动协调开发"神秘大湘西"循环旅游线、大武陵精品旅游线、湘鄂渝桂黄金旅游线、湘渝合作旅游线、湘黔合作旅游线、粤湘桂大循环旅游线等 6 条区域间协作旅游线路，争取南部红色景区（点）进入中国"红军长征"国家旅游线、北部景区（点）进入中国"长江中下游"国家旅游线、张家界纳入中国"京西沪桂广"国家旅游线，打造"京西沪张桂广·经典中国"国家旅游线[264]。

二、文化旅游业功能建设

1. 健全完善城市文化旅游功能

高度重视城市在武陵山区建设中的支持与带动作用，切实把文化旅游业作为现代服务业发展的龙头产业、作为城市经济发展的战略产业来抓，不断提升区域城市的文化旅游内涵。同时，充分发挥城市的节点、集散功能，形成不同层级、不同职能的区域文化旅游中心、文化旅游目的地、文化旅游集散地，并与武汉城市圈优势互补、融合互动，构建大资源、大市场、大旅游、大发展的格局。宜昌、张家界、武隆、凤凰、恩施、利川、黔江、酉阳、铜仁等市成为文化旅游名城。

以文化旅游项目建设引导武陵山区文旅融合。发掘城市历史底蕴，凸显鲜明地域特色，展示独有文化魅力，让城市记忆在发展中延续。通过建设城市文化记忆广场等形式，实现文化资源与旅游资源、文化保护方式与文化利用途径的最佳结合。武陵山区重点建设以下城市文化记忆广场：（1）吉首、凤凰非物质文化遗产集成展示园。建设一个集中展示武陵山区域民间歌舞、戏曲、曲艺、传统手工技艺等的非物质文化研究展示园区。（2）恩施土家族文化记忆广场。建设集土家族建筑、饮食、服饰、歌舞、园林、工艺品展示、营销为一体的特色文化产品组团。（3）宜昌、恩施武陵山区联合演出创作培训基地建设。建设武陵山区联合演出创作培训基地。（4）黔江、武隆文创科考研学体验区。建设黔江西南文化创意体验区、武隆地质科考研学区。（5）铜仁佛教文化休闲游憩区建设。建设以世界遗产梵净山佛教名山为核心、以清水江为廊道的铜仁佛教文化休闲游憩区。

同时，美化城市环境，加强市政建设与生态环境保护、景观建设的衔接，配套完善"行、游、食、住、购、娱"旅游要素，为旅游者创造良好的文化氛围与体验环境；开辟与本区域景区容量相适应、连接主要客源地的交通线路；通过电子信息化建设和智能化建设，快速、准确、便捷地提供各类旅游咨询服务。

2. 做大做强县域文化旅游经济

依托特色优势旅游资源，准确定位文化旅游主题形象，精心培育县域文化旅游品牌，不断完善县域旅游功能，把文化旅游强县战略与当地县域经济社会发展结合起来，把旅游助农、旅游扶贫与加快新农村建设结合起来，推进结构调整，促进文化旅游产业升级，惠及城乡居民。其中，神农架林区按照高起点规划、高规格建设的要求，继续深化创新，全面提升文化旅游产业素质，成为全国县域文化旅游典范；武陵源、凤凰、巴东、五峰、长阳、秭归、武隆、黔江、酉阳、来凤等地积极打造精品景区景点，全面改善旅游设施，大力营造良好的旅游大环境，成为旅游名县。

主要建设内容：创新旅游发展促进模式，形成良好的旅游发展环境、旅游企业经营环境、旅游消费环境；进一步整合资源、创新文化旅游形式，打造文化旅游产品体系，积极建设国家 4A 级以上旅游景区、工农业旅游示范点及其他特色文化旅游示范村或示范基地，与城市及区域合作开发特色旅游线路，举办具有地方和民族特色的旅游节庆、文化交流、体育赛事、会议等活动；科学合理地保护与利用县境内的生态文化资源，开发出富有地方特色的旅游商品、传统工艺品、土特产品，建设风格独特、反映当地文化、具有游览价值的建筑和街区；加大以道路为主的交通设施建设力度，使县域内旅游道路通达，形成网络；建设好与旅游相关的配套服务设施，建立健全文化旅游安全管理监察机制和文化旅游市场质量监管与执法机制，改善环境，增强服务功能。

3. 积极打造文化旅游名镇名村

按照统筹城乡发展和构建和谐社会的要求，遵循"重点突出、梯次推进、以点带面、全面开发"的原则，分批次着力打造神湘西四大古镇、宜昌市夷陵区三斗坪镇等旅游名镇的建设，使其在促进武陵山区旅游经济又好又快发展和加快新农村建设步伐方面发挥示范和带动作用。提高乡村旅游产品的品位和档次，形成依托骨干旅游产品，由旅游名镇到旅游名村的网络，推动区域形成大旅游的新格局。

主要建设内容：加强对生态环境和历史文化遗存的保护，开发形成独有的旅游吸引物，农业旅游、城镇乡村旅游点的主体建筑和配套设施建设具有景观价值和地方或民族特色，与周围环境相协调；抓好环境整治，使村镇环境优美，具有乡村田园风韵；加强城镇乡村旅游交通、旅游公共服务设施建设，着力提升服务功能，完善旅游信息、散客接待、紧急救援、疾病监控、卫生防疫、金融服务、网络服务、供水供电、邮政通信、环境监测、污水和垃圾处理等配套设施，建设娱乐休闲、土特产销售和特色美食功能区；加强旅游安全、旅游环境保护及公共卫生管理；加强旅游市场管理，做到旅游服务规范有序；加强旅游宣传与品牌塑造，旅游接待规模与旅游综合收入不断增长。

4. 推动旅游交通网络建设

（1）建设六个机场。加快张家界荷花机场改扩建工程，提升常德桃花源机场、芷江机场、铜仁·凤凰机场和黔江机场，增开与国内主要客源地之间的航线航班，积极创造条件建设邵阳武冈机场和邵东机场。

（2）建设"三纵五横"八条区内外铁路网。"三纵"分别是张家界—沅陵—溆浦—隆回虎形山—新宁—桂林（张崀桂高铁），恩施—宜恩—来凤—龙山—里耶—花垣—吉首—怀化—通道，宜昌—石门—张家界—古丈—吉首—怀化—洪江—靖州—通道（枝柳线）。"五横"分别是张家界—永顺—龙山—黔江，秀山—吉首—沅陵—溆浦，溆浦—怀化—芷江—新晃（湘黔线），邵阳—隆回—洞口—怀化—铜仁（怀邵线），永州—新宁—武冈—绥宁—靖州。

（3）建设六条跨省旅游大通道。分别是西安—安康—恩施—张家界—吉首—凤凰—怀化—通道—桂林，昆明—重庆—武隆—吉首—凤凰—张家界—常德—长沙，广州—衡阳—邵阳—常德—荆州—宜昌—郑州，十堰—张家界—沅陵—溆浦—隆回—新宁—桂林，成都—重庆—武隆—秀山—张家界—常德—长沙，贵阳—凯里—玉屏—芷江—怀化—邵阳—长沙。

（4）建设"三纵四横"七条圈内旅游连接公路。"三纵"分别是张家界—沅陵—辰溪—溆浦—洞口—武冈—新宁（省干线张崀桂高速），花垣—吉首—怀化—洪江—靖州—通道（国家重点公路包茂线），常德—涟源—邵阳—永州（国家重点公路二广线）。"四横"分别是常德—慈利—张家界—永顺—花垣（国家高速公路二广线联络线及张花支线），铜仁凤凰机场—凤凰—吉首—沅陵—常德（国家高速公路杭瑞线），邵阳—隆回—洞口—洪江—怀化—芷江—新晃（国家高速公路沪昆线），通道—绥宁—城步—武冈—新宁。

（5）建设旅游集散网络。优化旅游集散网络，全面提升网络配套功能。在张家界建立一级旅游集散中心，常德、吉首、怀化、邵阳建立二级旅游集散中心，桃源县、澧县、慈利县、武陵源区、桑植县、凤凰县、永顺县、沅陵县、芷江县、通道县、新宁县、武冈市、城步县、江华县等建设 14 个三级旅游集散中心，形成结构合理的集散网络运营体系。

第三节　文旅融合发展路径

一、发挥政府主导文旅发展作用

政府的主导作用具体体现为：制定旅游业专项规划；合作开展旅

游业转型升级模式的战略研究[265]；破解旅游业发展的体制障碍；培育和巩固重点旅游节庆品牌；积极开展旅游标准化建设；加大对重点旅游景区建设的投入；多层次、多方位地培养旅游人才；建立旅游业发展联席会议制度；实现从国家文旅部到省市文旅局的纵向合作、地区旅游业的横向合作和国际性的跨界合作等[265]。

按照分级负责的财政投入原则，落实各级地方政府承担文化遗产的保护责任，建立文化遗产保护和公共文化服务体系财政投入的长效保障机制[265]。通过设立文化遗产保护专项基金、公共文化服务体系建设专项基金等方式，调动社会力量加大对公共文化的投入，形成政府主导、社会参与的经费投入渠道。省政府推动区域地方政府制定区域性文化遗产资源保护的政策法规[265]。

对于武陵山区具有国际影响力的旅游资源，由省政府统一实施招投标，并实施相应的市场主体培育计划，保证待开发的旅游景区具备较强的国际竞争力和产业集聚能力[266]。建立健全"三级"旅游景区建设管理制度："一级"景区由省级政府组织实施；"二级"景区（具有区域影响力的旅游资源）由市、州级政府组织实施；"三级"景区由县、市级政府实施。同时，设计相应的管理体制和经营机制创新体系。围绕旅游景区业已形成的相关产业发展，则通过市场的资源配置机制实现[265]。

在政府的主导下积极发挥市场的作用，加强旅游服务配套实施，特别是旅游名镇、名村的建设。着力解决旅游名镇、名村的住宿设施条件、交通道路建设、污水处理、洁净能源、食品安全卫生、文化遗存保护和娱乐设施管理等问题。将旅游名镇、名村的评比纳入旅游景区的星级评定中或单列评定标准。加强旅游名镇、名村的规划和发展，完善省政府与地方政府资金的配套投入政策，建立全省旅游名镇、名村总体发展项目库，统筹旅游名镇、名村的建设和管理[265]。

二、推进文化与旅游协同发展

大力推进区域文化建设与旅游建设的协同发展。在文化内容的建设上，通过打造一批反映本地历史文化、民俗风情的精品节目，丰富区域内旅游产品的内容；美化一条城市绿色长廊，建设一条集中展示本地特色饮食和特色旅游商品的街，为特色旅游产品提供空间支撑。配合鼓舞文化展示和湘西旅游目的地建设，打造矮寨国际鼓舞节；结合武陵山区土（家）苗民俗风情旅游，打造恩施国际摆手节，搭建文化建设与旅游发展的公共平台[266]。

三、整合文旅资源实现品质提升

以旅游目的地（特别是旅游重点景区建设为核心，形成产业集聚向心力和整合平台，实现武陵山区由差异到整合再到整体的旅游产业竞争力的全面提升[265]。

其中，原生态资源整合包括矮寨峡谷、神农架、清江画廊、柴埠溪、后河、荆山、沅江；地质地貌资源整合包括恩施大峡谷、利川腾龙洞、鹤峰燕子坡立谷、红石林、排比镇；酉水、沅水重点区段资源整合包括汉江风光、典型湿地、水生动植物、沿线城市风光；历史文化名人故里资源整合[265]包括屈原故里、宋玉故里、昭君故里、贺龙、赵世炎故里、杜心武故里、沈从文、熊希龄、黄永玉故居；清江土（家）苗民俗生态文化资源整合包括鱼木寨、大水井、坪坝营、容美土司屏山爵府、水杉王、武落钟离山、摆手舞、龙船调、女儿会。

四、并举文旅资源修复与建设

以资源整合和资源修复为手段，打造核心景区，建立发展支点。对于资源行政分割的景区，如酉水、沅江、清江、澧水等，打破行政区划，探索建立经济发展特区或跨地区跨行业的管理机构[265]；对于存在建设性破坏情况的景区，如张家界索道和景区内宾馆建设，清江和酉水流域的小水电过度开发等，要逐步予以修复。同时，积极推进文化创新，建设生态景观，创造新的文化旅游资源[266]。

五、推进产业集聚优化产业结构

大力推进以旅游景区为核心的产业集聚，形成武陵山区旅游产业的独特结构[266]，即以旅游景区业为核心层；以旅游六要素衍生出的相关产业为第二层次（包括生态农业观光业、生态采摘业、旅游地产业、休闲娱乐业、会展业、电瓶车制造业），以种子库、基因产业、生态保健医药业为代表的特色产业为第三层次，以生态能源产业、文化传播业等边缘产业为第四层次[265]。

六、践行文化旅游营销行动

大力建立通畅的营销渠道。组建大湘西旅游营销协调委员会[265]。制定基本营销策略。以"整体推介，捆绑营销"的方式营销大湘西，重点抓好网络营销和事件营销，建设大湘西旅游官方门户网站，在主要客源地设立大湘西旅游营销专柜和旅游咨询中心，发展区域旅游总代理，在重点客源市场举办大型推介活动[265]。积极推进航空口岸建设与包机专线建设，加大对国际市场的宣传力度，与主要客源地品牌旅行社开展营销合作，针对自驾车群体进行重点营销，大力开发散客市场[265]。做好旅游产品和跨市州经典旅游线路的营销工作。继续办好有关节庆活动，打造节庆营销平台[266]。

通过整体营销、网络营销、焦点营销、关系营销、互动营销、对接营销、绿色营销等组合营销方式，以旅游产品为核心，以营造文化氛围为内容，提高武陵山区旅游市场的知名度、传播度、影响度。

七、拓展区域文旅合作行动

以武陵山精品旅游线为重点，积极打造跨省合作旅游线。实行与大桂林旅游圈合作行动计划、与湘江旅游经济带合作行动计划以及与鄂西旅游圈合作行动计划等，支持跨区域旅游行业集团和协会建设，推进市场主体深入合作。打造区域合作网络平台，共建跨区旅游网站、营销网站和旅游电子商务平台建设，加强跨区域旅游信息沟通。

在武陵山经济协作区整体框架下，探讨建立中部生态文化旅游交易会轮流承办制度。积极整合大湘西与武陵山区旅游资源，依托湘、鄂、渝、桂的黄金游线，共同策划和推广生态之旅、遗产之旅、文化之旅、创意之旅、漫画之旅、科考之旅，打造一程多站、适销对路的中国中部地区生态文化国际精品线路；积极推进大湘西和武陵山区的双边、多边区域合作，鼓励城市之间、企业之间开展深化合作，有效整合旅游景区、旅行社、酒店等市场要素资源，引导大湘西旅游投融资集团（股份）公司和武陵山区生态文化旅游圈投资有限公司发挥市场主体作用，积极为企业跨区域发展提供条件，形成政府引导、市场运作的区域旅游合作机制；建立生态保护协调机制，在武陵山山地生物多样性及水土保持生态功能区、武陵山常绿阔叶林水源涵养三级功能区、长江中下游平原农产品提供三级功能区建设和保护方面统一标准、统一行动，建立统一的生态补偿机制，加强跨流域综合治理合作，建立中部地区完整的生态空间格局。

第四节　武陵山生态文化旅游圈体制机制创新

一、确立文化旅游省部共建共创机制

抓住国家扩大内需的战略机遇，各地市、省直各部门要尽快做好基础性工作，争取将武陵山区的生态、文化和旅游项目列入国家相关生态、文化和旅游发展规划与项目库[265]，省直有关部门在制定相关规划、落实保障措施的基础上，积极争取国家部委的支持，争取将区域生态、文化、旅游等重大项目纳入国家发展与改革专项，实现省部共建国家文化、生态和旅游整体保护与协调发展试验示范区[265]。

二、成立文化旅游建设领导小组

建立国务院委托国家民委推进武陵山区生态文化旅游圈建设领导小组，负责武陵山区开发建设工作的组织领导。领导小组下设办公室，办公室设在国家民委，负责具体工作。武陵山区8市（州、区）相应成立协调及办事机构。

三、创新文化旅游投融资机制

组建武陵山区生态文化旅游圈投资公司。组织政策性投资公司，

重点投资发展区域生态、文化、旅游、交通等基础设施，优化区域投资环境，形成投资导向，吸引国内外投资者。

支持建立完善武陵山区投融资运营体系，引导鼓励社会资本投资运营区域生态文化旅游产业；支持组建生态文化旅游产业基金和创业投资基金，引导设立生态产业、文化产业和旅游产业创业发展基金，鼓励社会力量设立生态文化旅游产业信贷投融资担保机构，完善武陵山区担保和信用体系；尽快制定完善武陵山区生态产业、文化产业和文化旅游业出口的投资、税收、汇率、知识产权等配套扶持政策，搭建有效的公共服务平台，吸引中外战略投资机构，建立功能完备的武陵山区特色生态产业和文化旅游产业对外贸易体系[266]。

四、完善文化旅游评价激励机制

改革政绩考核方式，逐步弱化 GDP 政绩评价体系，研究建立区域绿色 GDP 考核评价体系，落实责任制，分级负责，将绿色 GDP 考核评价体系纳入区域内各市（州、林区）政府的考核内容[266]。

五、建立文化旅游重点项目推进机制

加强重点项目库建设，强化项目对产业的带动作用，精心选准一批重大项目，抓紧储备一批重大项目。统筹投资支持优先建设的规划项目。鼓励旅游区评级升格，简化旅游项目核准审批程序。

六、共创文化整体宣传营销机制

建立武陵山区整体宣传策划管理公司，整体宣传策划"中国·武陵山区"生态文化旅游形象，协调好门票定价、客源市场等问题，加强与圈外旅游市场、营销市场的联系[265]；通过有组织的媒体宣传、项目推介、影视创作等一系列活动[265]。策划生态文化旅游主题宣传，举办武陵山区生态文化旅游圈旅游主题年会、武陵山区文化论坛，积极组团参加国内外旅游展销博览会等，提升区域公共文化形象。推进信息化建设，建设"三库一网一平台"（旅游信息资源库、生态信息资源库、文化信息资源库，武陵山区生态文化旅游圈信息网，信息资源共

享平台），以武陵山区经济和社会发展的需求为导向[265]，加快对旅游、生态、文化等信息资源的开发利用，促进武陵山区各市（州、林区）在生态文化旅游建设发展上的资源共享、协调互动、整体形象提升[266]。

七、建构文化旅游产业协调联动机制

加强生态文化旅游产业及相关产业的产业协调联动发展，促进区域形成围绕生态文化旅游的大产业协调发展的格局；大力扶持和引导农业、工业、商业、交通客运、文化体育、房地产、报刊娱乐等行业立足自身优势，向旅游业延伸发展。

加强武陵山区内汽车及汽车零部件产业带、化工产业带进一步融合，加大生态农业、医药食品产业集聚，突出电力、建材等产业的发展，建设区域性商贸中心、物流中心、信息中心、金融中心等，推动区域产业发展与产业布局一体化、区域市场一体化、城乡建设一体化、环境保护与生态建设一体化。

八、建立文化旅游区域协调联动机制

加强武陵山区的生态文化旅游产业与武汉城市圈及周边省市相互联系，统筹协调区域内外（武汉、西安、南阳、重庆、湘西等）交通设施、交通线路、旅游线路的衔接，以及旅游品牌的联合策划、旅游产品的联合开发等，形成资源共享、优势互补、相互促进的良性发展机制，促进武陵山区经济社会与周边地区共同协调发展。

九、建立文化旅游社会联动机制

引导成立区域非营利组织，支持建立各种行业协会、基金会以及其他社会中介组织，发挥社会中介组织的协调作用，弥补政府能力的不足，丰富武陵山区的发展方式，整合社会力量，共同促进区域的可持续发展[266]。

十、建立文化旅游风险防范机制

制订并完善区域整体网络化、高效率的风险管理组织体系、风险管理机制及各类突发公共事件应急预案，完善应急反应机制[266]。

第五节　文旅融合风险管理和控制

一、基本目标

1. 近期目标

近期目标包括：建立对生态风险、文化风险、旅游风险的评价机制；完善武陵山区风险管理规划保障体系；重点建立风险管理信息系统，实现风险的实时监控；健全武陵山区重大公共安全事件应急体系[266]。

2. 远期目标

远期目标包括：建成整体化、动态化、效率化的风险管理机制，为武陵山区生态环境保护、文化旅游开发、经济社会稳步发展提供强有力的保障，推动武陵山区战略的顺利实施，促进武陵山区持续健康发展[266]。

二、主要任务

明确风险管理目标，做好风险管理规划，提高风险管理意识；坚持标本兼治，强化风险管理，创新体制机制；建立有效风险管理组织，完善长效风险管理机制，倡导良好风险管理文化；强化风险管理技术的运用，培养、引进风险管理高级人才，利用体制机制创新整合资源[265]。

三、风险判断

1. 总体状况

武陵山区面临风险的总体状况：社会经济总体形势较好，当前发展机遇较好，生态环境资源保护现状较好，部分地区灾害救助应急体系建设较好；开发导致潜在风险考虑不足，基础设施建设不足，行政壁垒造成的资源整合风险处置不足，风险意识不足[265]。

2. 风险识别

武陵山区风险主要包括生态风险、文化风险、旅游风险三类[265]。
(1) 生态风险：水资源面临多种风险、地质灾害风险、生物资源失衡、矿产过度开采与利用、景观资源受破坏、区域气候面临负面影响；对武陵山区开发会导致新的生态风险的产生[265]。(2) 文化风险：民族传统建筑、古城墙等面临破损、修缮风险；旅游区建筑风格与文化氛围不统一，原生态的服饰、生活生产方式复原难度大，宗教旅游带来的宗教氛围及排他性受到一定影响[265]；文化产业投资周期较长，且相当部分投资具有公益性质；时间维度方面突出体现为非物质文化遗产的流失风险尤其是恩施地区土家族等少数民族的民间技艺、民歌等失传[265]。(3) 旅游风险：旅游社会灾害潜在风险因素不容忽视；宏观风险影响较大；武陵山区资源整合风险突出。随着武陵山区的推进，旅游风险应该特别重视景区开发带来的一系列风险[265]；从长期看，全球变暖对武陵山区植被影响较大，地震等突发宏观风险对景区游客数量波动影响较大。宏观调控则可能引发市场化运作下景区的经营风险[265]。

具体而言，武陵山区 8 市（州、区）面临的如下主要风险来源：(1) 大湘西凤凰古城等历史风貌可能会受到现代生活氛围的冲击，古城墙存在一定的风化破损现象；土司文化旅游带来的资源整合风险；沅江由于上游蓄水造成的对环境和古镇风貌的影响；非物质文化遗产受博物馆陈列展示水平的限制；九路寨等生态旅游资源的开发风险[265]。(2) 宜昌市域风险。包括三峡库区由于蓄水带来的生态环境影响，三峡大坝大量游客进入带来的安全问题，昭君村、屈原祠等众多的历史文化遗址的保护有待进一步加强，小水电站兴建与运行可能造成的淤泥沉积、破坏河流等环境影响，三峡文物缺乏专业性的博物馆陈列，众多漂流项目带来的安全隐患[265]。(3) 恩施州域风险。包括神农溪因三峡蓄水产生消落带引致的环境及景观影响，土家族的吊脚楼周边由于居民新建楼房造成的景观部分改变，苗寨等民族风情景观和大水井古代建筑群由于游客和商业设施的增加带来的景观改变，分布广泛的石灰岩和明显的喀斯特地貌特征，都有一定的地质灾害发生可能性，交通基础设施较差带来的安全问题[265]。（4）酉水流域风险。包括居民环保意识有待加强，部分地区还存在砍伐林木现象；区域内存在水土流失、旱涝灾害和岩崩滑坡现象；磷矿等矿藏储量高且储藏集中，矿体裸露；金丝猴等众多珍稀动物群受到游人的影响；山区对突发事件难以实施有效救援[265]。

第六节　综合效益预期

立足武陵山区实际，构建科学完善的规划体系，充分发挥武陵山区资源特色和比较优势，带动和促进武陵山区经济、资源环境、社会全面协调和可持续发展，并取得预期的综合效益[265]。

一、经济效益

武陵山区经济总规模持续扩大，经济结构不断优化，现代服务业快速发展，以生态文化旅游业为支柱的第三产业所占比重明显提升[265]。

产业发展进一步协调，产业集聚效应明显增强，产业增长点增加，产业链条延长且不断完善[265]。生态产业、文化产业、旅游产业获得充分协调发展，生态文化旅游业成为在全国有强大竞争力的特色产业；交通运输业、环保产业发展成为重要的支柱产业；在现代农业和特色农业、先进制造业、现代服务业中发展和形成一批新的支柱产业，并在全省和全国的竞争能力明显增强，产业发展绩效稳步上升[266]。

粗放式经济增长得到有效控制，经济增长的资源环境代价大幅度降低，经济发展方式明显改善，新型工业化水平稳步提高；科技投入逐步增加，自主创新能力不断提高，整体科技竞争力显著增强，科技创新体制渐趋完善[265]。

区域发展更加协调，转移支付更为公平和有效，城乡二元经济结构特征逐步弱化，城市化水平明显提高，地区差异不断缩小。市场经济体制不断完善，市场运行机制逐步健全，资源配置更加合理，市场主体充满活力[265]。企业发展的市场环境得到优化，市场竞争力增强，经济效益稳步提高。居民个人收入水平快速增长，享受公共福利的水平显著提高。政府职能有效转变，服务型政府逐步确立，政府的经济调控能力不断增强，市场监管制度稳步完善[266]。

二、生态环境效益

促进武陵山区节能减排工作取得明显进展，主要污染物排放总量得到有效控制，工业污染排放强度逐步下降，区域环境质量不断改善；循环经济进一步发展，清洁生产深入开展，示范工作广泛实施，再生资源回收利用体系不断完善[265]。

环境质量明显改善，环保产业快速发展，环保科技不断创新，环保设备逐步更新，优势环保企业不断壮大；环保投入逐年增加，投融资机制健全，国家投入保障有力，经费管理不断改善[265]；环保队伍建设有效加强，业务素质明显提高，人才培训科学合理，人员管理逐步规范；环保标准体系日趋健全，环境管理体制有效确立，环境监管力度不断加强，环境法律法规进一步完善[266]。

森林覆盖率、城镇污水处理率、固体废物处理率等重要生态环境指标显著提高，湿地、山体等受损生态系统逐步恢复，点源与面源污染得到有效控制[265]，生物多样性与水源地得到重点保护，空气质量和水质明显改善。基础设施建设、旅游开发、工农业发展等带来的负面生态环境影响实现最小化，生态环境空间格局逐步优化，生态环境安全得到保障，生态环境质量不断改善，生态产业持续发展，生态环境的潜在经济价值逐步体现[266]。

三、社会效益

促进武陵山区区域统筹发展，城乡协调发展，收入分配差距逐步减小，两极分化现象得到有效遏制[265]。（1）义务教育得到巩固提高，职业教育稳步发展，高等教育水平逐步提高，区域多层次人才培养体系基本形成[266]。（2）文化遗产资源得到有效保护，物质文化遗产和非物质文化遗产的价值得到展示、研究和传承。低标准、广覆盖的公共文化服务体系得以建立，人民群众的基本文化权益得到有效保障[266]。（3）公共服务深化扩大，社会公平得以有效实现，医疗、住房等民生问题明显改善，就业水平稳步提高，就业机制更加完善[266]。（4）社会保险有效加强，社会救助广泛实施，社会福利充实妥善，社会保障体系逐步健全。社会管理渐趋科学，风险应对及时合理，民族团结和睦，社会和谐安定[265]。

后　记

　　本书出版得到了北京第二外国语学院学科建设支持经费项目（2018）的资助，本项目重点支持联合博士项目。王华博士为本人在陕西师范大学与孙根年教授合作指导的少数民族骨干班博士生。本书为我俩长期研究文化和旅游融合的成果。全书分为理论篇、实践篇与专题篇三大部分：理论篇重点论述了国内外文旅融合的基本概念、文旅融合的机制路径；实践篇比较详细地归纳总结了全国文旅游融合的成功经验与经典案例；专题篇重点总结了湘西少数民族地区文旅融合的实践经验。本书主要是为文旅融合提供理论框架与实践借鉴。全书主要由王华博士主笔，本人主要提供学术指导。王华博士作为一名本身为少数民族学生且一直在少数民族地区工作的博士研究生，他克服了重重困难，归纳了文旅融合的理论，总结了中国的实践，特别深度研究了少数民族地区的文旅融合经验，希望能够对我国的文化旅游产业发展提供有益参考。由于编写水平有限，文旅融合的理论研究本身尚处于探索阶段，文中存在不少争议之处，还请读者斧正！

　　本书分别得到了国家社科基金艺术学重大项目（20ZD02）——国家文化公园政策的国际比较研究（2020—2023）与国家社会科学基金重大课题（20ZDA067）——完善文化和旅游融合发展体制机制研究（2020—2022）的支持。衷心感谢！

邹统钎

2021.5 于北京

参考文献

［1］厉无畏，王振. 中国产业发展前沿问题［M］. 上海：上海人民出版社，2003.

［2］翁钢民，李凌雁. 中国旅游与文化产业融合发展的耦合协调度及空间相关分析［J］. 经济地理，2016，36（01）：178-185.

［3］Lewis Mumford. The Culture of Cities［J］. London: Secker & Warburg, 1940, 296.

［4］Ritchie B, Zins M. Culture as determinant of the attractiveness of a tourism region［J］. Annals of Tourism Research, 1978, 5 (2): 252- 267.

［5］Tacgey Debes. Cultural tourism: a neglected dimension of tourism industry［J］. An International Journal of Tourism and Hospitality Research, 2011.

［6］Chiara Garau. Emerging technologies and cultural tourism: opportunities for a cultural urban tourism research agenda［J］. Tourism in the City, 2016, 6(3): 134-142.

［7］Markwick M. Malta's tourism industry since 1985: diversification, culture tourism and sustainability［J］. Scot. Geog, 2001, 3(115): 227-247.

［8］Mvia, Agba. Tourism industry impact on Efik's culture, Nigeria［J］. International Journal of Culture Tourism and Hospitality Research, 2010, 4(2): 79-91.

［9］Esmaeil K. Model of determining the expectations gap between the Status Quo and Desired Status of tourism industry based on cultural indices[J]. Asian Social Science, 2011 (7): 75-83.

[10]Jarkko Saarinen. Cultural tourism: new opportunities for diversifying the tourism industry in Botswana[J]. Bulletin of Geography. Socio-economic Series, 2014 (26): 7.

[11]Wilson G. Developing creativity in tourist ex-periences: A solution to the serial reproduction of culture [J]. Tourism Management, 2006(27): 1209 -1223.

[12]Binkhorst E. Creativity in tourism experiences: the case of Stiges. In Rchards G (Eds). Tourism, Creativity and Development[M]. London: Rutledge, 2007.

[13]Jordan L, Culture and the creative industries: exploring the linkage[J]. Journal of Eastern Caribbean Studies, 2012(37): 1-5.

[14]Juzefovic A. Creative tourism: the issues of philosophy, sociology and communication [J]. Creativity Studies, 2015(8): 73 -74.

[15]曹诗图, 沈中印, 刘晗. 论旅游产业和文化产业的互动与整合——以湖北省宜昌市为例[J]. 特区经济, 2005 (10)：189-191.

[16]张海燕, 王忠云. 旅游产业与文化产业融合运作模式研究[J]. 山东社会科学, 2013 (1)：169-172.

[17]赵蕾, 余汝艺. 旅游产业与文化产业融合的动力系统研究[J]. 安徽农业大学学报（社会科学版）, 2015, 24 (1)：66-71.

[18]邢启顺. 西南民族文化产业与旅游融合发展模式及其社会文化影响[J]. 云南民族大学学报（哲学社会科学版）, 2016, 33 (4)：122-127.

[19]李凌雁, 翁钢民. 我国旅游与文化产业融合发展水平测度及时空差异分析[J].地理与地理信息科学, 2015 (6)：94-99.

[20]鲍洪杰, 王生鹏. 文化产业与旅游产业的耦合分析[J]. 工业技术经济, 2010, 29 (8) 74-78.

[21]张广海, 孙春兰. 文化旅游产业融合及产业链构建[J]. 经济研究导刊, 2012 (12)：152-154.

[22]王华东, 吴倩. 贵州省旅游产业与文化产业融合发展研究[J].

经济视角，2012（15）：14-16.

[23]冯超. 文化产业与旅游产业融合度研究[D]. 西安外国语大学，2014.

[24]辛欣. 文化产业与旅游产业融合研究：机理、路径与模式——以开封为例[D]. 河南大学，2013.

[25]张海燕，王忠云. 基于产业融合的文化旅游业竞争力评价研究[J]. 山东社会科学，2010（5）：132-145.

[26]霍艳莲. 产业融合视阈下文化产业与旅游产业的融合效应、机理与路径[J]. 商业经济研究，2015（12）：126-127.

[27]梁峰，郭炳南. 文、旅、商融合发展的内在机制与路径研究[J]. 技术经济与管理研究，2016（8）：114-118.

[28]周建标. 文化产业与旅游业的产业链融合机制及实践应用[J]. 西藏发展论坛，2017（5）.

[29]马振涛. 旅游市场秩序整治事关文旅融合发展大局[N]. 中国旅游报. 2019-03-11.

[30]由少平. 理念融合、机制融合、创新融合——文旅融合发展的着力点[J]. 人文天下，2019（1）：2-4.

[31]汪清蓉. 文化产业与旅游产业整合创新模式研究——以佛山市文化与旅游产业为例[J]. 广东商学院学报，2005（1）：68-72.

[32]刘艳兰. 实景演艺：文化与旅游产业融合的业态创新——以桂林阳朔《印象·刘三姐》为例[J]. 黑龙江对外经贸，2009（8）：105-106.

[33]辛欣. 文化产业与旅游产业融合研究[J]. 河南大学报，2013.

[34]钟晟. 文化意象的旅游产业与文化产业融合发展研究[D]. 武汉大学，2013.

[35]李想. 丝绸之路旅游产业与文化产业融合路径探讨[J]. 山西师范大学学报（社会科学版），2015，42（3）：85-88.

[36]尹华光，邱久杰，姚云贵. 武陵山片区文化产业与旅游产业融合发展研究[J]. 边疆经济与文化，2016（2）：13-15.

[37]桑彬彬. 旅游产业与文化产业融合发展的途径[J]. 旅游研

究，2016，8（5）：3.

[38]张佳箔. 旅游产业与文化产业融合机制及双向发展模式探索[J]. 商业文化，2017（25）：59-61.

[39]刘星. 贵州省文旅产业融合发展的基础与路径研究[J]. 贵州商学院学报，2018，31（3）：21-28.

[40]关丽萍，慕慧洁，孟庆刚. 文化与旅游融合发展路径研究[J]. 旅游纵览（下半月），2019（9）：28-29.

[41]李萍. 云南壮剧民间土戏形成与发展过程的二次文献分析——国家级非物质文化遗产·云南壮剧保护研究（之二）[J]. 文山学院学报，2012，25（1）：1-7.

[42]关宁.《华阳国志》中的两汉三国人物[D]. 陕西理工大学，2018.

[43]李枭鹰. 从大学职能变化看高等教育属性变化[J]. 南通大学学报（教育科学版），2008（4）：14-17.

[44]陈东成. 翻译审美的大易视角研究[J]. 湖南社会科学，2014（1）：24-28.

[45]郭天恩. 庄子"逍遥游"的美学思想探赜[J]. 现代交际，2021（1）：221-223.

[46]顾晓鸣. 多维视野中的"文化"概念——简论"文化"[J]. 社会科学战线，1987（4）：103-112.

[47]刘素娟. 冯友兰中西文化观研究[D]. 郑州大学，2020.

[48]姚宏洋. 探析埃斯库罗斯命运悲剧对西方文化霸权的影响及其对中国的启示[J]. 今古文创，2021（5）：24-27，30.

[49]赵五一. 文化自信的生成逻辑与内在依据[J]. 长春大学学报，2020，30（7）：82-86.

[50]赵立学. 南朝刘宋诗风演变研究——从文学交往活动的视角考察[D]. 陕西师范大学，2017.

[51]叶汝骏. 唐代五律艺术流变研究[D]. 上海师范大学，2018.

[52]赵美风，席建超. 旅游者排污行为与旅游区水环境干扰模式研究——以六盘山生态旅游区为例[J]. 资源科学，2012，34（12）：

2418-2426.

　　[53]雒树刚. 以习近平新时代中国特色社会主义思想为指导奋力开创社会主义文化建设新局面[J]. 人民论坛，2018（6）：6-9.

　　[54]曹流，蒋昕. 完善旅游统计调查制度的思考与建议（下）[N]. 中国旅游报，2020-12-28（003）.

　　[55]肖英奎. 对吉林省文旅融合发展的研究与思考[J]. 新长征（党建版），2019（7）：24-25.

　　[56]应融则融　能融尽融　军民融合法治是保障[J]. 领导决策信息，2018（41）：4-5.

　　[57]张利，曾洁玲. 让诗和远方携手前行——访省文化和旅游厅党组书记、厅长雷文洁[J]. 政策，2019（6）：10-12.

　　[58]刘玉其. 文旅融合：站上"诗与远方"的风口[J]. 海峡通讯，2019（3）：52-53.

　　[59]彭纳. 行走"三九大"文旅"春之声"[J]. 一带一路报道（中英文），2020（3）：108-111.

　　[60]鲁元珍. 文旅融合：形在"融"意在"合"[J]. 决策探索（上），2019（4）：49-50.

　　[61]机构改革为文化和旅游深度融合发展打下坚实基础[J]. 中国机构改革与管理，2019（4）：11-14.

　　[62]刘大泯. 贵州文化与旅游深度融合发展对策建议[J]. 理论与当代，2020（2）：4-6.

　　[63]深化文化市场综合行政执法改革[J]. 中国机构改革与管理，2019（2）：16-18.

　　[64]雒树刚. 深入推进文化和旅游融合发展[J]. 时事报告，2019（09）：28-33.

　　[65]朱珠. 旅游相关活动对九寨沟核心景区植物多样性与结构的影响[D]. 中国科学院研究生院（成都生物研究所），2006.

　　[66]聂辰席谈网络视听发展：积蓄新动能做出新贡献[J]. 广电时评，2019（11）：12.

　　[67]刘刚. 以高水平融合推动文化旅游高质量发展[N]. 河南日

报，2020-06-03（006）.

[68]肖庆. 我国出入境旅游的热点问题透视[J]. 河南教育学院学报（哲学社会科学版），2020，39（3）：36-42.

[69]张稳柱. 打造黄河文旅带的路径探讨[A]. 中国旅游研究院（文化和旅游部数据中心）. 2020 中国旅游科学年会论文集旅游业高质量发展[C]. 中国旅游研究院（文化和旅游部数据中心）：中国旅游研究院，2020：9.

[70]崔凤军，陈旭峰. 机构改革背景下的文旅融合何以可能——基于五个维度的理论与现实分析[J]. 浙江学刊，2020（1）：48-54.

[71]约翰·厄里，乔纳斯·拉森. 游客的凝视（第三版）[M]. 黄宛瑜，译. 上海：格致出版社，2020.

[72]魏小安. 目击中国旅游（2001 版）[M]. 石家庄：河北教育出版社，2001.

[73]雒树刚. 文化和旅游融合发展让文化更富活力旅游更富魅力[J]. 社会治理，2019（4）.

[74]张朝枝，孙晓静，卢玉平. "文化是旅游的灵魂"：误解与反思——武夷山案例研究[J]. 旅游科学，2010（1）.

[75]约翰·厄里，乔纳斯·拉森. 游客的凝视（第三版）[M]. 黄宛瑜，译. 上海：格致出版社，2020.

[76]田磊. 文化自信助推乡村文旅融合[N]. 中国社会科学报，2020-06-01（007）.

[77]罗伯特·麦金托什，夏希肯特·格波特.旅游学：要素·实践·基本原理[M]. 蒲红，等译. 上海文化出版社，1985.

[78]张广瑞：文化旅游可以跨界合作，增强空间竞争力[N/OL].中国网，http://travel.china.com.cn/txt/2019-04/21/content_74705563.html.

[79]范周. 文旅融合的理论与实践[J]. 人民论坛·学术前沿，2019（11）：43-49.

[80]林映梅. 衡阳文化旅游产业融合发展研究[J]. 市场论坛，2020（7）：86-88，95.

[81]田磊. 文化自信助推乡村文旅融合[N]. 中国社会科学报，

2020-06-01（007）.

[82]丁世华，范盈格. 基于共生理论视角下的武汉市文化与旅游融合发展探讨[J]. 湖北文理学院学报，2020，41（5）：49-53.

[83]张力. 城市文化旅游融合发展开启新局面[N]. 中国文化报，2019-04-20（007）.

[84]倪春华. 建设现代化经济体系的战略背景[J]. 中外企业家，2017（31）：42-43，50.

[85]沙吉. 科技赋能视角下文旅深度融合逻辑演进及路径研究[J]. 现代营销（经营版），2020（9）：172-173.

[86]林映梅. 衡阳文化旅游产业融合发展研究[J]. 市场论坛，2020（7）：86-88，95.

[87]姜师立. 文旅融合背景下大运河旅游发展高质量对策研究[J]. 中国名城，2019（6）：88-95.

[88]王兴斌：文旅融合下如何统筹文化产业与旅游业的统计数据[N/OL]. 中国经济网，http://www.ce.cn/culture/gd/201901/31/t20190131_31403382.shtml.

[89]谢凤艳. 关于文化变迁的阐述[J]. 新闻论坛，2012（1）.

[90]文化部：过去五年我国旅游演艺票房收入增长 128%[N/OL]. 中国网，http://news.china.com.cn/txt/2019-03/28/content_74622518.htm.

[91]崔凤军，陈旭峰. 机构改革背景下的文旅融合何以可能——基于五个维度的理论与现实分析[J]. 浙江学刊，2020（1）：48-54.

[92]李强. 做好新形势下文化产业统计工作的思考[J]. 中国统计，2012（4）：4-5.

[93]范姣，覃会优. 文旅融合视角下荡口古镇文创产品设计探究[J]. 大众文艺，2020（16）：120-122.

[94]范周. 文旅融合的理论与实践[J]. 人民论坛·学术前沿，2019（11）：43-49.

[95]范周. 做好旅游文章，讲好中国故事[N]. 经济日报，2018-4-27.

[96]薛帅. 激发国有文艺院团生机活力，满足人民向往美好生活

的精神文化需求[N]. 中国文化报，2020-10-30（003）.

　　[97]杨柳. 挖掘文化内涵推动旅游业发展[N]. 学习时报，2014-04-14（010）.

　　[98]张艳. 唐山文化旅游产业融合发展研究——以迁安为例[J]. 当代经济，2018（20）：89-91.

　　[99]王德刚. 把旅游演艺打造成文旅融合"排头兵"[N]. 中国旅游报，2019-04-05（003）.

　　[100]文化和旅游部关于印发《关于促进旅游演艺发展的指导意见》的通知[J]. 中华人民共和国国务院公报，2019（20）：66-70.

　　[101]候术山，高艳阳. 以人民为中心发展思想的价值意蕴与实践路径[J]. 学理论，2020（6）：1-3.

　　[102]德村志成. 从"十三五"旅游业改革发展规划谈对世界旅游大国应有的认识[J]. 旅游学刊，2015，30（3）：8-10.

　　[103]沈仲亮，李志刚. 国务院印发《"十三五"旅游业发展规划》[N]. 中国旅游报，2016-12-27（001）.

　　[104]银元. 顺应消费需求变化增加优质旅游供给[N]. 中国旅游报，2019-03-08（003）.

　　[105]朱红红. 旅游景区品牌延伸机制与应用研究[D]. 山东大学，2009.

　　[106]牛家儒，张晓明. 新时代我国文化产业发展探析[J]. 社会科学家，2018（10）：154-160.

　　[107]于光远. 旅游与文化[J]. 瞭望周刊，1986（14）：35-36.

　　[108]范周. 文旅融合的理论与实践[J]. 人民论坛·学术前沿，2019（11）：4-5.

　　[109]David Throsby.The Production and Consumption of the Arts: A View of Cultural Economics[J]. Journal of Economic Literature, Culture Policy, 1994, 38 (10): 245-249.

　　[110]周锦，顾江. 文化遗产的经济学特性分析[J]. 江西社会科学，2009（10）：75-78.

　　[111]John Barney.Firm Resources and Sustained Competitive

Advantage[J]. Journal of Management, 1991, 17(1): 99-120.

[112]John Urry. The Tourist Gaze (Second edition)[M]. London: SAGE Publications, 2002.

[113]贝拉·迪克斯. 被展示的文化：当代"可参观性"的生产[M]. 冯悦，译. 北京：北京大学出版社，2012.

[114]王薇."一带一路"背景下"中国元素"广告跨文化交流策略研究[J]. 新闻研究导刊，2020，11（1）：222-223.

[115]牛瑾. 文创产品要坚守"初心"[N]. 经济日报，2020-11-08（007）.

[116]李从宝. 博物院文创品牌营销传播研究[D]. 安徽大学，2020.

[117]许冰华. 手作文创产品中的情感表达设计研究[D]. 苏州大学，2019.

[118]王铁林. 关于长城景区发展的一些思考[A]. 中国长城学会、《文明》杂志社、中共北京市延庆区委宣传部. 中国长城文化学术研讨会论文集[C]. 中国长城学会、《文明》杂志社、中共北京市延庆区委宣传部：中国长城学会，2019：5.

[119]黄永林. 文旅融合发展的文化阐释与旅游实践[J]. 人民论坛·学术前沿，2019（11）：16-23.

[120]赵宇华. 文旅融合背景下内蒙古旅游演艺发展的现状、问题及对策[J]. 品位经典，2019（5）：19-21.

[121]赵宇华. 文旅融合背景下内蒙古旅游演艺发展的现状、问题及对策[J]. 品位经典，2019（5）：19-21.

[122]任阿龙. 演艺产品提升内蒙古旅游文化含量[N]. 中国旅游报，2017-06-30（004）.

[123]任阿龙. 内蒙古文旅融合点睛旅游产业发展[N]. 中国旅游报，2017-10 11.

[124]王玉华，高学磊，白力军，祁瑜，布仁图雅. 内蒙古北方生态安全屏障建设研究[J]. 环境与发展，2019，31（9）：202-205.

[125]张欣荣. 推动文旅高水平融合高质量发展[N]. 内蒙古日报

（汉），2019-08-05（005）.

[126]任阿龙. 演艺产品提升内蒙古旅游文化含量[N]. 中国旅游报，2017-06-30（004）.

[127]杜雪菲. 鄂尔多斯蒙古族妇女传统服饰艺术研究[D]. 内蒙古大学，2013.

[128]张春婷. 内蒙古生态文化旅游发展研究[D]. 中南民族大学，2016.

[129]沈啸. 天津：推进文旅融合打造网红城市[N]. 中国旅游报，2019-12-27.

[130]多措并举推动文化和旅游融合发展[N]. 天津日报，2019-09-04（009）.

[131]贾艳慧. 基于SWOT分析的天津邮轮母港发展潜力评价[J]. 城市，2015（7）：28-31.

[132]洪畅. 杨柳青年画的海外传播现状与数字化推广策略[A]. 天津市社会科学界联合会. 学习贯彻党的十九大精神推进"五个现代化天津"建设——天津市社会科学界第十三届学术年会优秀论文集（上）[C].天津市社会科学界联合会，2017：7.

[133]刘寅辉. 基于目的性的既有建筑再利用技术策略研究[D]. 天津大学，2011.

[134]饶权，李致忠，陈超，陈建龙，张晓林，陈传夫. 滋养民族心灵培育文化自信——感受习近平总书记给国家图书馆老专家回信精神[J]. 中国图书馆学报，2019，45（5）：4-14.

[135]魏敏. 博物馆展览文字浅析——观众研究视野中的案例分析[J]. 东南文化，2012（2）：119-123.

[136]张帆. 文旅融合展现魅力天津[N]. 天津日报，2020-09-04（009）.

[137]范荣. 从"燕赵云宝"看文化富矿开发[N]. 北京日报，2020-09-11（014）.

[138]卜民德，扎西. 津门老字号焕发新生机[J]. 商业文化，2019（35）：54-61.

［139］张婷. 用创意慰籍抗疫生活［N］. 中国文化报，2020-06-20（004）.

［140］贾楠. 让"诗和远方"交相辉映［N］. 河北日报，2019-10-14.

［141］林佳. 以奋斗之姿书写燕赵新时代答卷［J］. 海峡通讯，2019（9）：59-60.

［142］卜金宝，仇学平，宋文光，武志伟，高温均. 全国文明城市巡礼（正定篇）从五个细节看"正定文明"［J］. 雷锋，2018（7）：6-11.

［143］兰海军. 旅游公共服务质量改进研究［D］. 厦门大学，2016.

［144］褚子育. 以文旅魅力增强"重要窗口"文化自信［J］. 政策瞭望，2020（9）：12-13.

［145］周怡帆. 全媒体视域下方言传播研究［D］. 山西大学，2020.

［146］黄丽丽. 浙江推进文旅融合 IP 工程［N］. 浙江日报，2019-08-12.

［147］陈同滨. 世界文化遗产"良渚古城遗址"突出普遍价值研究［J］. 中国文化遗产，2019（4）：55-72.

［148］袁家军. 政府工作报告［N］. 浙江日报，2020-01-18（001）.

［149］张莞. 羌族地区旅游产业融合发展研究［D］. 西南民族大学，2019.

［150］何翠云. "文旅融合 IP"火热亦需冷思考［N］. 中华工商时报，2019-09-16（003）.

［151］易开刚，胡怀雪. 文旅 IP 的建设路径与价值创造［N］. 中国旅游报，2019-12-10（003）.

［152］叶蕴彤. 融创·莫干溪谷的品牌建构与传播方案［D］. 浙江大学，2020.

［153］张晶. 基于旅游虚拟社区价值共创的云南文化旅游 IP 构建研究［D］. 云南财经大学，2020.

［154］吴映仪. 新媒体环境下故宫 IP 的价值开发与传播策略研究［D］. 上海师范大学，2020.

［155］宁波市人民政府办公厅关于印发宁波市旅游国际化行动方案的通知［J］. 宁波市人民政府公报，2018（22）：23-27.

[156]王健楠. 基层社会治理现代化背景下县级融媒体中心建设路径的对比研究[D]. 中央民族大学，2020.

[157]何建华. 长三角国家战略与文化融合发展"同心圆"[J]. 上海文化，2018（12）：83-90，126.

[158]黄俐琴. 赣闽毗邻省域间客家文化旅游政策与绩效比较研究[D]. 赣南师范大学，2019.

[159]黄文杰. 高站位新表达大格局宁波城市旅游品牌形象转型发展路径研究[J]. 宁波通讯，2020（1）：70-72.

[160]周洁. 宁波：海丝+运河，串起长三角文化旅游带[J]. 新民周刊，2019（25）：74-77.

[161张融. 传统文化 IP 的传播策略研究[D]. 华东师范大学，2019.

[162]闵桃. 中国档案文献遗产工程研究[D]. 上海师范大学，2020.

[163]何建华. 长三角国家战略与文化融合发展"同心圆"[J]. 上海文化，2018（12）：83-90，126.

[164]张爱琴. 加快文旅融合高质量发展开启"诗和远方"美好旅程[J]. 宁波通讯，2019（7）：64-65.

[165]杨志纯. 推动文旅融合发展从理念走向行动[N]. 新华日报，2019-01-17（013）.

[166]杨志纯. 推动文旅融合发展从理念走向行动[N]. 中国旅游报，2019-01-18（003）.

[167]张明之，陈鑫. "全域文化+全域旅游"：基于产业融合的旅游产业发展模式创新[J]. 经济问题，2021（1）：112-118.

[168]张明之，陈鑫. "全域文化+全域旅游"：基于产业融合的旅游产业发展模式创新[J]. 经济问题，2021（1）：112-118.

[169]杨志纯. 推动文旅融合发展从理念走向行动[J]. 艺术百家，2019，35（1）：1-4.

[170]中国版本图书馆月度 CIP 数据精选[J]. 全国新书目，2012（6）：40-144.

[171]侯兵.南京都市圈文化旅游空间整合研究[D].南京师范大学,2011.

[172]凤阳县委宣传部.来古城凤阳,畅享"四色旅游"[N].江苏经济报,2019-03-30.

[173]杜昊.文化旅游型小城镇的研学旅行规划策略研究[D].安徽农业大学,2018.

[174]韩婷,李萌.凤凰村获中国美丽休闲乡村称号[N].合肥晚报,2020-09-09.

[175]农工党合肥市委会赴凤凰村开展民主监督调研[J].前进论坛,2020(11):25.

[176]陈健.我国绿色产业发展研究[D].华中农业大学,2009.

[177]风景这边独好[N].江西日报,2019-06-05.

[178]夏华坤.融媒时代"江西风景独好"品牌传播策略优化研究[D].江西财经大学,2019.

[179]龚艳平.赣鄱古琴声悠扬[N].江西日报,2016-10-21(B01).

[180]龚艳平.美丽江西秀天下——回眸"十三五"江西旅游发展新成就[N].中国旅游报,2021-01-27.

[181]付奇.农文旅融合,田园美色咋变"摇钱树"[N].新华日报,2021-01-11.

[182]谭志红.广东佛山:文旅赋能让全面小康成色更足[N].中国文化报,2021-01-07.

[183]谭志红."梅州现象"的热与冷[N].中国文化报,2021-02-08(005).

[184]广东文旅活化非遗资源惊艳"非博会"[J].侨园,2020(12):8.

[185]黄霞.功能对等理论下旅游文本的汉译日翻译实践报告[D].广西师范大学,2014.

[186]杨建娣,覃殷历.新兴人文景观对桂林旅游业发展影响浅探[J].南宁师范高等专科学校学报,2008,25(4):17-19.

[187]刘艳. 自贸区背景下：海南省文化创意旅游模式探析[J]. 公关世界，2020（18）：7-8.

[188]枉源. 文旅融合新时尚海南文化产业如繁花绽放欣欣向荣[N]. 人民日报.，2019-05-21.

[189]杨建国：海南自贸港将带来这五大产业风向[N]. 人民日报，2020-06-03.

[190]海南省旅游和文化广电体育厅党组书记、副厅长林光强：以文旅融合推动建设国际旅游消费中心[N]. 海南日报，2018-10-15.

[191]海南文化游："诗与远方"在路上[N]. 中国文化报，2019-01-09.

[192]傅治平，江彩云. 生态文化旅游的实践范例——海南呀诺达雨林景区建设理念的启示[J]. 新东方，2015（1）：30-33.

[193]饶曙光，李国聪. 东方好莱坞：香港电影思潮流变与工业图景[J]. 艺术百家，2017，33（4）：35-53.

[194]楚小庆. 技术发展与艺术形态嬗变的关系研究[D]. 东南大学，2018.

[195]陈文诗，姜庆五，陈清. 我国澳门地区 2011—2016 年肠道病毒感染时空分析[J]. 中华流行病学杂志，2018，39（5）：661-663.

[196]Eilo Wing-Yat Yu. Formal and Informal Politics in Macao Special Administrative Region Elections 2004-2005[J]. Journal of Contemporary China, 2007, 16 (52).

[197]第七届澳门国际旅游（产业）博览会开幕[N/OL]. 新华网，http://www.xinhuanet.com/2019-04/26/c_1124422623.htm.

[198]李知矫. 澳门会展与机遇同行——专访澳门贸易投资促进局代主席刘关华[J]. 中国会展，2019（3）：36-38.

[199]黄丽华. "澳门特别行政区的旅游文化特色"教学设计[J]. 地理教学，2016（07）：42-45.

[200]樊宇澜. 粤港澳大湾区旅游资源共享战略研究[J]. 中国商论，2019（10）：80-82.

[201]徐嘉. 新闻翻译中的互文性策略与中国国家形象建构——

以"粤港澳大湾区"双语新闻报道为例[D]. 华南理工大学，2020.

[202]张玉荣. 佛山澳门共建"世界美食之都"[J]. 小康，2019（35）：44-45.

[203]点亮文化旅游"夜经济"（新语）[N]. 人民日报. 2019-06-04.

[204]张毅.西安：文旅产业复苏了[N]. 经济日报，2020-03-22.

[205]段睿雨. 文化旅游型特色小镇规划建设研究[D]. 长江大学，2019.

[206]邹统钎. 走向市场驱动的文旅融合[J/OL]. 人民论坛·学术前沿[2021-04-08]. https://doi.org/10.16619/j.cnki.rmltxsqy.2020.30.020.

[207]吕佩玲."一带一路"视域下的兰州文旅融合与文化建构[N]. 甘肃经济日报，2020-12-09.

[208]六大工程+四大平台，甘肃全力打造文化制高点[N]. 每日甘肃网，2019-12-10.

[209]秦娜. 甘肃全力打造"一带一路"文化制高点力争 2025 年全省文旅综合收入达九千亿元[N]. 甘肃日报，2019-12-10.

[210]张万宏. 文旅融合成为甘肃"新名片" 张掖丹霞、敦煌莫高窟等景区持续升温[N]. 每日甘肃，2019-11-2.

[211]绿水青山出颜值 文旅品牌能增值——访省文化和旅游厅党组书记、厅长张宁[N]. 青海省人民政府网，2020-09-12.

[212]更好满足人民精神文化生活新期待[N]. 青海日报，2020-10-28.

[213]王刚. 宁夏文旅融合：向着"诗与远方"再出发[N]. 宁夏日报，2020-06-18.

[214]徐晓. 宁夏：服务游客 全域发展[N]. 中国旅游报，2019-11-19.

[215]贾春霞. 文旅融合发掘新疆之美[N]. 新疆日报（汉），2020-12-03.

[216]郭雪梅. 克拉玛依一号井成功入选[N]. 克拉玛依日报，2020-10-16.

[217] 禹新荣. 推动湖南文化和旅游融合发展走在前列[N]. 中国文化报，2019-05-06.

[218] 钟荣丙. 湖南：潇湘好景致　融合新引擎[J]. 湖南工程学院学报（社会科学版），2018（3）：89.

[219] 田锦凡. 湖南：潇湘好景致　融合新引擎[N]. 贵州政协报，2019-10-09.

[220] 钟娜，吴建国. 湖南省地方旅游立法研究[J]. 现代商业，2014（12）.

[221] 张华兵. 书写潇湘源头最美诗篇——永州市推动文化生态旅游融合发展走笔[N]. 永州日报，2020-04-15.

[222] 湖南零陵古城揭开面纱　打造全国旅游文化胜地[N/OL]. http://tour.cqnews.n，2018.

[223] 胡兆红. 文旅融合，融出发展新气象[N]. 长沙晚报，2019-10-24.

[224] 田育才. 张家界文旅融合催生新业态[N]. 湖南日报，2020-09-24.

[225] 尹明. 文旅融合加速张家界高质量发展[N]. 张家界日报，2019-08-06.

[226] 邓小青. 文化回望，花瑶古寨研学之旅[J]. 新课程导学，2020（3）.

[227] 花瑶，隆回走向世界的名片[N/OL]. http://mt.rednet.cn/，2010.

[228] 关于少数民族特色文化之隆回古寨的文化及其发展的调查[J/OL]. http://www.worlduc.c，2016.

[229] 刘洗涌. 湖南隆回：从文化大县到文化强县[J]. 今日中国论坛，2011（8）：76-79.

[230] 邢君成. 湖北打造文旅融合“十大示范品牌”[N]. 中国旅游报，2019-08-01.

[231] 李晓玲. 关于恩施市文旅融合发展研究[J]. 当代旅游（高尔夫旅行），2017（07）：123-124.

[232]杨光. 深耕民族文化 打造旅游品牌——对湖北省恩施土家族苗族自治州推动文旅融合发展的实践与思考[J]. 民族大家庭，2020（03）：60-63.

[233]徐露. 河南文化产业与旅游产业融合发展研究[J]. 经营管理者，2016-04-25.

[234]陈丽. 新形势下河南省文化旅游产业协同创新发展模式探析[J]. 才智，2015（35）：260-261.

[235]孙欣. 文旅融合风景好[N]. 河南日报，2020-01-20.

[236]赵春喜. 淮阳文旅融合城乡共美[N]. 河南日报，2020-11-01.

[237]侯婷婷. 文艺繁荣发展 文旅融合创新[N]. 云南日报，2020-12-25.

[238]李丹丹. 边境口岸开办起19家"国门书社"[N]. 昆明日报，2020-12-25.

[239]郑恒. "十三五"期间云南文化建设"百花齐放"[N]. 云南法制报，2020-12-25.

[240]高月英. 推动民族文化强省建设取得丰硕成果[N]. 云南政协报，2020-12-28.

[241]陈显富，杨巧. 贵州旅游产业与文化产业融合发展研究[J]. 中国集体经济，2018（16）：120-121.

[242]彭芳蓉. 高位推动统领发展 贵州旅游扬帆起航——《关于推动旅游业高质量发展加快旅游产业化建设多彩贵州旅游强省的意见》三人谈[N]. 贵州日报，2021-01-15.

[243]付远书. 四川：找准文旅融合的最佳契合点[N]. 中国文化报，2019-06-21.

[244]庞玮. 推动西藏文化和旅游融合发展[N]. 中国社会科学报，2020-09-28（008）.

[245]政府工作报告[N]. 西藏日报（汉），2020-01-27.

[246]拉姆次仁. 文旅融合发展为全域旅游画卷添彩:我市持续推动文化旅游深度融合发展[N]. 拉萨日报，2020-11-27.

[247] 韩毅. 抓大文旅促品质化 以大文旅增强城市能级 [N]. 重庆日报, 2019-08-20.

[248] 重庆：文旅融合 增添城市发展新动能 [N]. 中国旅游报, 2019-12-20.

[249] 张艺谋新作《归来三峡》助力重庆奉节文旅融合发展 [N/OL]. 中新网, http://www.chinanews, 2018.

[250] 杨安娣. 文以载道 旅以致远——从吉林省看文旅融合 [J]. 中国发展观察, 2019（1）：59-60.

[251] 杨安娣. 八个方面助推吉林文旅工作 文旅融合为重点 [N/OL]. 中国吉林网, http://travel.cnjiwa, 2019.

[252] 于永吉, 李俐欣. 龙江文旅产业：激活高质量发展新动能 [N]. 黑龙江经济报, 2019-09-23.

[253] 朱雪松, 周凤文. 辽宁：文旅融合推动行业"动能转换" [N]. 中国旅游报, 2018-08-07.

[254] 赵静. 文旅融合打造辽宁特色的"诗与远方"——省政协"推动文化与旅游融合发展"月度协商座谈会侧记 [N]. 辽宁日报, 2019-04-13.

[255] 李志刚, 王洋, 李凤. 代表委员期待文旅融合释放更多发展新动能 [N]. 中国旅游报, 2019-03-04.

[256] 让更多人发现辽宁之美感受辽宁之好——省政协"推动文化与旅游融合发展"月度协商座谈会发言摘编 [N]. 友报, 2019-04-19.

[257] 卜令伟, 程丽红. 发现辽宁之美 感受辽宁之好——辽宁省政协助力推动文化和旅游融合发展 [N]. 人民政协报, 2019-04-22.

[258] 湖南是人类发源地, 在古湘西有不同于黄河流域的文明 [N/OL]. http://www.360doc.co, 2019.

[259] 高庙文化：新石器时代的"同位素" [N/OL]. 华夏经纬网, 2006-05-10.

[260] 湖南省发展与改革委员会. 鄂西生态文化旅游圈发展总体规划（2009—2020）, 2019.

[261] 鄂西生态文化旅游圈规划 [R/OL]. http://www.docin.com,

2012.

　　[262]国家民委关于推进武陵山片区创建民族团结进步示范区的实施意见[R/OL]. http://seac.gov.cn/a，2013.

　　[263]王世忠. 武陵山片区教育扶贫助推民族团结进步创建[N].中国民族报，2017-09-08.

　　[264]湖南省人民政府办公厅.《大湘西生态文化旅游圈发展规划（2011—2020）》的通知，2012.

　　[265]鄂西生态文化旅游圈总体规划[R/OL]. http://blog.sina.com，2012.

　　[266]鄂西生态文化旅游圈发展总体规划（2009—2020）（征求意见稿）[R/OL]. http://wenku.baidu.c，2012.